2023

Realschule

Original-Prüfungsaufgaben
mit Lösungen

Baden-Württembe

Englisch

STARK

37. ergänzte Auflage
www.stark-verlag.de

Inhalt

Übungsaufgabe 3

Übungsaufgabe 4

Original-Prüfungsaufgaben

Sobald die Original-Prüfungsaufgaben 2022 freigegeben sind, können sie als PDF auf der Plattform MyStark heruntergeladen werden (Zugangscode vgl. Umschlaginnenseite).

MP3-Dateien

Übungsaufgabe 1
Übungsaufgabe 2
Übungsaufgabe 3
Übungsaufgabe 4
Abschlussprüfung 2021
Abschlussprüfung 2022

Die MP3-Dateien können ebenfalls über die Plattform MyStark abgerufen werden.

Sprecherinnen und Sprecher der Audiodateien: Eva Adelseck, Daniel Beaver, Blair Gaulton, Clare Gnasmüller, Daniel Holzberg, Rees Jeannotte, Veronica Stivala, Rachel Teear

Die **Hintergrundgeräusche** stammen aus folgenden Quellen: freesound und pacdv.

Kurzgrammatik

Auch die Kurzgrammatik findest du auf der Plattform MyStark.

Sollten nach Erscheinen dieses Bandes noch wichtige Änderungen in der Abschlussprüfung 2023 vom Kultusministerium bekannt gegeben werden, findest du aktuelle Informationen dazu ebenfalls auf der Plattform MyStark.

Autorinnen und Autoren

Übungsaufgabe 1: Dr. Jasmin Kurz
Übungsaufgabe 2: Andrea Krampert
Übungsaufgabe 3: Kerstin Rittmayr
Übungsaufgabe 4: Simone Joklitschke
Lösungen der Abschlussprüfungen: Dr. Jasmin Kurz
Kurzgrammatik: Redaktion

Vorwort

Liebe Schülerin, lieber Schüler,

mit diesem Buch kannst du dich intensiv auf deine **schriftliche Abschlussprüfung** vorbereiten. Es ist insbesondere für die Vorbereitungsphase unmittelbar vor der Abschlussprüfung gedacht und hilft dir dabei, noch mehr **Sicherheit** im Umgang mit den gängigen Prüfungsaufgaben zu gewinnen. Der Band enthält **vier Aufgaben im Stil der Abschlussprüfung**, wie sie seit 2021 gestellt wird. Diese Übungsaufgaben bestehen aus den Bereichen *Listening Comprehension, Text-based Tasks, Use of Language, Writing* und *Interpreting*.

Darüber hinaus enthält der Band die erste **Original-Prüfung** im neuen Format (2021). Die **Prüfungsaufgaben 2022** stehen dir auf der **Plattform MyStark** (Zugangscode vgl. Umschlaginnenseite) zur Verfügung. Mit den Aufgaben aus den Jahren 2018 und 2019 kannst du ebenfalls gut üben, allerdings gibt es Unterschiede zum aktuellen Prüfungsformat. Lies dir am besten die Hinweise und Tipps zur Abschlussprüfung auf den nächsten Seiten aufmerksam durch, um dich mit den Prüfungsanforderungen vertraut zu machen. In diesem Kapitel erfährst du auch, wie du am besten mit diesem Buch arbeitest.

Solltest du in der Grammatik einmal unsicher sein, kannst du online in unserer **Kurzgrammatik** nachlesen. Das PDF mit verständlichen Grammatikerklärungen und prägnanten Beispielen findest du, wie auch die **MP3-Dateien**, ebenfalls auf der Plattform MyStark.

Mit dem Band „**Training Abschlussprüfung 2023**" (Best.-Nr. C08150) kannst du dich langfristig auf die **schriftliche Abschlussprüfung** und die **Kommunikationsprüfung** vorbereiten. Das Buch bietet dir vielfältige Übungsmöglichkeiten zum Basiswissen und enthält zahlreiche **Übungsaufgaben zu allen prüfungsrelevanten Kompetenzbereichen** und **Lernvideos** zu den Bereichen Grammatik und Wortschatz. Das enthaltene **ActiveBook**, unser **interaktives Prüfungstraining**, bietet dir darüber hinaus die Möglichkeit, effektiv online am Computer oder Tablet zu üben.

Viel Spaß beim Üben und viel Erfolg in der Prüfung!

HINWEISE UND TIPPS

Hinweise und Tipps

Aufbau der Abschlussprüfung

Die Aufgaben der schriftlichen Abschlussprüfung für Realschulen in Baden-Württemberg werden zentral vom Ministerium für Kultus, Jugend und Sport gestellt.

Die Bearbeitungszeit beträgt insgesamt 150 Minuten. Die Gesamtpunktzahl ist auf 110 Punkte festgesetzt.

Die schriftliche Prüfung gliedert sich in folgende Teile:
A *Listening Comprehension*
B *Text-based Tasks*
C *Use of Language*
D *Writing*
E *Interpreting*

Der erste Prüfungsteil, in dem dein Hörverstehen geprüft wird, dauert inklusive Einlesezeit 30 Minuten. Die Bearbeitungszeit für die Teile B bis E liegt bei insgesamt 120 Minuten. Nach Teil A gibt es eine Pause von 20 Minuten. Außer bei der *Listening Comprehension* kannst du dich in deinem eigenen Tempo mit den Prüfungsaufgaben auseinandersetzen. Teile dir deine Zeit so ein, dass du am Ende deine Lösungen noch einmal lesen und ggf. korrigieren kannst.

In Teil A ist kein Wörterbuch zugelassen. **In den Teilen B bis E** kannst du ein **zweisprachiges Wörterbuch** benutzen, du solltest aber immer die Zeit im Auge behalten und nicht jedes dir unbekannte Wort nachschlagen, sondern versuchen, Wörter aus dem Zusammenhang zu erschließen.

Alle Prüfungsbereiche bestehen aus mehreren Aufgaben, sodass du in der Prüfungssituation vielen verschiedenen Themen und Aufgabenformaten begegnen wirst.

A Listening Comprehension

Im Bereich *Listening Comprehension* sollst du zeigen, wie gut du gesprochenes Englisch verstehst. Dieser Teil besteht meist aus vier Hörtexten zu vielfältigen Themen, zu denen du jeweils eine Aufgabe bearbeiten sollst. Beachte, dass sowohl Monologe als auch Dialoge mit zwei oder mehreren Personen möglich sind.
Zu Beginn der Prüfung hast du rund zwei Minuten Zeit, die Aufgaben zum Hörverstehen durchzulesen und dich gedanklich auf die Themen vorzubereiten. Alle Texte werden zweimal vorgespielt. Auch vor dem Hören eines jeden Textes gibt es eine kurze Pause, in der du die jeweilige Aufgabenstellung noch einmal durchlesen kannst.
Nutze die Einlesezeit und markiere ggf. Schlüsselwörter. So wird es dir leichter fallen, die relevanten Informationen herauszuhören. Wenn du einmal eine Teilaufgabe nicht beim ersten Hören beantworten kannst, lass dich nicht verunsichern, sondern mach einfach mit der darauffolgenden Aufgabe weiter. Beim zweiten Hören kannst du dich dann genau auf die Stelle konzentrieren, die dir beim ersten Durchgang Schwierigkeiten bereitet hat. Nach dem Hören aller Texte hast du erneut ausreichend Zeit, um noch einmal alles durchzugehen und ggf. Korrekturen vorzunehmen.
Die Aufgaben zum Hörverstehen werden, im Gegensatz zu den Teilen B bis E, direkt auf den Prüfungsbögen bearbeitet. Punktabzug erhältst du in diesem Teil nur, wenn Fehler in der Rechtschreibung oder Grammatik sinnentstellend sind. Das bedeutet, dass es keine Auswirkung auf die Bewertung hat, wenn du ein Wort falsch schreibst, solange man das Wort eindeutig erkennen kann.

Typische Aufgabenformate, die (in unterschiedlicher Reihenfolge und Zusammensetzung) in deiner Abschlussprüfung vorkommen können, sind z. B.:

1. *Take notes to fill in the table.*
   In diesem Aufgabenformat ist es deine Aufgabe, die gefragten **Informationen in Stichpunkten in** eine **Tabelle** einzutragen. Wichtig ist, dass du nur die relevanten Details notierst.

2. *Write the correct name next to the statement.*
   In dieser *Matching*-Aufgabe werden dir verschiedene Aussagen vorgelegt. Diesen **Aussagen** musst du mithilfe des Hörtextes die jeweils **passende Person zuordnen**. Beachte, dass oftmals mehrere Sätze zu einer Person passen. Es kann aber auch vorkommen, dass eine Aussage niemandem zugeordnet werden kann. In einem solchen Fall sollst du neben diese Äußerung z. B. ein Kreuz (**✗**) anstelle eines Namens setzen. Lies also die Arbeitsanweisung genau und achte beim Hören auf Details.

3. *Take notes to complete the cluster.*
   Ähnlich wie in Aufgabe 1 sollst du hier **Stichpunkte** notieren, wobei du hier Details zu verschiedenen Aspekten eines Themas aufschreiben sollst. Teile des „cluster“ sind oftmals bereits ausgefüllt, sodass du zwischendurch auch kurze „Verschnaufspausen“ hast. Halte dich unbedingt an die Vorgabe „Take notes“, denn wenn du ganze Sätze formulierst, ist es schwierig, gleichzeitig dem Hörtext zu folgen.
4. *Tick/Mark the correct ending to finish the sentences.*
   In dieser **Multiple-Choice-Aufgabe** sollst du zu mehreren Satzanfängen das jeweils **passende Satzende** finden. Normalerweise hast du drei Auswahlmöglichkeiten. Lies dir die Satzanfänge und alle Satzenden aufmerksam durch, denn oft unterscheiden sie sich nur durch Kleinigkeiten, die aber ausschlaggebend sind, ob ein Satzende (nicht) zum Text passt.
5. *Decide whether the following statements are true or false.*
   In dieser oder einer ähnlich formulierten Aufgabe geht es darum, zu entscheiden, ob Aussagen zum Text **richtig oder falsch** sind. Du brauchst also nur ein **Häkchen** beim jeweils richtigen Kästchen zu setzen.

B Text-based Tasks

In diesem Prüfungsteil sollst du unter Beweis stellen, dass du einen längeren zusammenhängenden Sachtext verstehen und Informationen daraus entnehmen kannst. Dein Leseverständnis wird anhand von mehreren Aufgaben geprüft. Lies dir den Text zuerst einmal – oder wenn nötig auch mehrere Male – in Ruhe durch, um dir einen groben Überblick über den Inhalt zu verschaffen. Sieh dir dann die Aufgaben an. Beim Bearbeiten der Aufgaben solltest du die relevanten Stellen farbig im Text markieren. Arbeite am besten pro Aufgabe mit einer Farbe, sodass du leichter den Überblick behältst. Deine Lösungen zu den Teilen B bis E notierst du auf separaten Bögen, die zu Beginn der Prüfung ausgeteilt werden. Achte unbedingt darauf, dass deine Lösungen immer eindeutig der jeweiligen Aufgabe und Teilaufgabe zugeordnet werden können.

Hier findest du typische Aufgabenstellungen, die in diesem Prüfungsteil vorkommen können.

1. *Match ...*
   Hier sollst du bestimmten Textabschnitten passende Überschriften **zuordnen** oder z. B. Aussagen mit Personen verbinden. Meist werden mehr Elemente angeboten, als du verbinden kannst. Dann wird dies z. B. durch Bemerkungen

wie „Some information does not fit“ oder „There are two more headings than you need“ ausgedrückt.
Wörter, die in der Überschrift vorkommen, finden sich häufig auch im Text wieder. Manchmal werden aber auch bedeutungsgleiche Wörter verwendet. Halte also nach Schlüsselwörtern und deren Synonymen Ausschau, wenn du Schwierigkeiten bei der Zuordnung hast.

2. *Decide whether the following statements are true, false or not in the text.*
Hier musst du entscheiden, ob die Antwort zur jeweiligen Aussage „**true**“, „**false**“ oder „**not in the text**“ lautet. Lies die Aussagen zum Text genau, denn manchmal entscheidet nur ein einziges Wort darüber, ob eine Aussage richtig oder falsch ist. Kannst du im Text keine Information zu einer Aussage finden, ist „not in the text“ die richtige Lösung. Die Reihenfolge der Aussagen entspricht der des Textes.

3. *Finish the sentences using the information from the text.*
Hier gibt es zwei Möglichkeiten, wie eine Aufgabe mit dieser oder einer ähnlichen Formulierung aufgebaut sein kann:
   a) Wenn die Aufgabe als **Multiple-Choice** angelegt ist, dann liegen dir zu jedem Satzanfang mehrere mögliche Satzenden vor. Du sollst **auswählen, welches Satzende jeweils die Satzanfänge inhaltlich richtig fortführt**. Hier ist genaues Lesen – sowohl des Textes als auch der Teilaufgaben – gefragt, denn oftmals entscheidet nur ein einziges Wort darüber, welches Satzende das richtige ist.
   b) Manchmal sind nur die Satzanfänge, aber keine möglichen Satzenden vorgegeben, d. h., du sollst die **Sätze mithilfe von Informationen aus dem Text selbstständig zu Ende schreiben**. Achte darauf, dass die Sätze sowohl inhaltlich als auch sprachlich korrekt sind. Du kannst Formulierungen aus dem Text übernehmen, sofern sie sich grammatikalisch in den Satz einbauen lassen. Du solltest die Satzanfänge jedoch nicht abschreiben, da Punkte abgezogen werden, wenn du dabei Fehler machst. Beginne die Sätze also am besten mit „…“.

4. *Find information in the text about …/Find reasons why …/…*
Die Formulierung dieser Art der Aufgabenstellung kann leicht variieren. Manchmal sollst du Informationen, Details oder Fakten im Text finden, manchmal Gründe etc. Es ist sinnvoll, den kompletten Text noch einmal zu lesen, da die Informationen über den gesamten Text verteilt sein können. Meist ist es ausreichend, wenn du Stichpunkte formulierst. Dann lautet die Arbeitsanweisung z. B. „Take notes“ oder „You do not have to write in complete sentences“. Achte darauf, dass du nur Informationen aus dem Text entnimmst; dein eigenes Wissen über einen Sachverhalt ist hier nicht gefragt.

5. *Answer the questions in complete sentences (using the information from the text).*
   Lies die Fragen genau und suche im Text nach den relevanten Abschnitten. Oftmals findest du ein Schlagwort aus der Frage auch im Text wieder. Manchmal enthält der Text aber auch Synonyme, d. h. Wörter mit derselben oder einer ähnlichen Bedeutung. Es ist wichtig, dass du **ganze Sätze** schreibst, wie es in der Aufgabenstellung gefordert wird. Wenn eine Textstelle genau zur Frage passt, darfst du diese abschreiben. Pass aber auf, dass du nicht zu viel abschreibst, sondern nur die Informationen, nach denen gefragt wurde, da überflüssige Informationen zu Punktabzug führen. Deine Antwort sollte in der Regel in der gleichen Zeitform formuliert werden, in der die Frage gestellt wurde. Lies am Ende deine Antworten noch einmal aufmerksam durch und korrigiere sie. Da für Fehler Punkte abgezogen werden, kann es passieren, dass eine inhaltlich korrekt beantwortete Frage trotzdem mit 0 Punkten bewertet wird.

C Use of Language

In diesem Prüfungsteil geht es um den **Sprachgebrauch**. Du sollst also zeigen, dass du sicher im Gebrauch des **Wortschatzes** und der **Grammatik** bist und auch die englische Satzstellung beherrscht.

Die ersten (meist) drei Aufgaben beziehen sich auf den Lesetext aus Teil B, während die darauffolgenden Aufgaben unabhängig vom Lesetext bearbeitet werden können. Die Anzahl der Aufgaben kann in der Abschlussprüfung variieren.

Die folgenden Aufgaben können typischerweise in Teil C vorkommen:

1. *Find words or expressions in the text that mean more or less the same.*
   In dieser Aufgabe sollst du zu mehreren Wörtern bzw. Ausdrücken **Synonyme** im Text finden. Synonyme sind Begriffe mit derselben oder einer ähnlichen Bedeutung. Um die Aufgabe richtig zu lösen, ist es wichtig, die Abschnitte, in denen die Wörter vorkommen, noch einmal sehr genau zu lesen, da das gesuchte Synonym in der gleichen Form stehen muss wie der vorgegebene Begriff. Manche Wörter haben mehrere Bedeutungen. Achte darauf, dass du immer ein Synonym angibst, das zu der Bedeutung des jeweiligen Wortes im Textzusammenhang passt.

2. *Find the opposites.*
Bei dieser Aufgabe geht es um Antonyme, also um **Wörter mit gegenteiliger Bedeutung**. Vorgegeben sind Wörter aus dem Text (siehe Zeilenangabe), zu denen du dir ein passendes Gegenteil überlegen sollst. Beachte auch hier, dass manche Wörter verschiedene Bedeutungen haben. Lies dir deshalb den Satz, in dem das jeweilige Wort vorkommt, gut durch, und überlege, welche Bedeutung in diesem Zusammenhang zutrifft. Genau zu dieser Bedeutung notierst du dann das Gegenteil. Beachte dabei auch die Form: Übernimm z. B. den Singular oder Plural bei Nomen oder die entsprechende Zeit bei Verben.

3. *Explain one/two of the following words in complete sentences.*
Bei diesem Arbeitsauftrag, der z. B. auch „Give a definition“ lauten kann, sollst du ein Wort oder zwei **Wörter aus dem Text erklären**, wobei du in der Regel aus drei Wörtern auswählen kannst. Beachte, dass in deiner Definition keine Wörter derselben Wortfamilie vorkommen dürfen. Du kannst also z. B. das Adjektiv „hopeful“ nicht mit „It's the opposite of hopeless“ erklären. Grundsätzlich ist es aber möglich, mit Synonymen, Antonymen oder auch Beispielen zu arbeiten. Kläre vorab am besten mit deiner Englisch-Lehrkraft, ob es an deiner Schule bestimmte Vorgaben gibt, welche Lösungen (nicht) akzeptiert werden. Wichtig ist auch, dass du einen ganzen Satz bzw. ganze Sätze schreibst. Vergewissere dich mithilfe der Zeilenangabe, dass deine Erklärung eindeutig zum Begriff in diesem Zusammenhang passt, falls er mehrere Bedeutungen hat.

4. *Vocabulary – Grammar*
In diesem **Lückentext** sollst du beweisen, dass du sowohl den englischen **Wortschatz** als auch die englische **Grammatik** sicher beherrschst. Lies dir zuerst den gesamten Text ein- oder mehrmals durch, um dir einen Überblick über den Inhalt zu verschaffen. Beginne dann, die Lücken zu füllen. Am rechten Rand findest du zu den meisten Lücken ein Wort aus der Wortfamilie, das du so verändern musst, dass es in den Textzusammenhang passt. Die Änderungen, die du vornehmen sollst, sind vielfältig. Du musst z. B. Verben in die richtige Zeit und/oder Form bringen oder ein Adjektiv in ein Adverb oder Nomen umwandeln. Steht ein Fragezeichen am Rand, so sollst du selbst ein passendes Wort finden, um den Satz zu vervollständigen. Oft handelt es sich hierbei um eine Konjunktion, Präposition oder um ein Relativpronomen. Auch wenn es mehrere richtige Lösungen geben sollte, notiere nur eine davon. Bei manchen Lücken werden dir mehrere Wörter vorgegeben, die sich auf den ersten Blick oft sehr ähneln (z. B. „of“ und „off“) bzw. die deine Grammatikkenntnisse überprüfen (z. B. „much“ oder „many“). Hier musst du aus zwei oder drei Wahlmöglichkeiten das passende Wort aussuchen. Lies dir am Ende auf jeden Fall noch einmal den ganzen Text durch und überprüfe, ob deine Ergänzungen inhaltlich sinnvoll und sprachlich korrekt sind.

5. *Ask questions.*
   Lies dir die Situationsbeschreibung genau durch, damit du **passende Fragen stellen** kannst. Wichtig ist, dass du verschiedene Fragewörter und Zeitformen verwendest und auch eine Entscheidungsfrage (eine Frage, die mit „Ja“ oder „Nein“ beantwortet werden kann) stellst. Halte dich an die geforderte Anzahl der Fragen. Wenn deine Fragen inhaltlich nicht zu der Situation aus der Aufgabenstellung passen, erhältst du keine Punkte.

   Beispiel:
   Lucy has just returned from her one-week holiday in England. Ask her three questions about the trip.
   → *Where did you start your trip?*
   → *Did you visit London too?*
   → *What would you have liked to see if you had had more time?*
   Die Frage „Where did you travel to after London?“ würde jedoch mit 0 Punkten bewertet werden, denn sie enthält dasselbe Fragewort („where“) und steht in derselben Zeit („simple past“) wie die erste Beispielfrage.

6. *Paraphrasing*
   Für diese Aufgabe brauchst du ein gutes Sprachgefühl und sichere Wortschatz- und Grammatikkenntnisse. Dir liegen mehrere Sätze vor. Zu diesen Sätzen sollst du jeweils einen **Lückensatz** so **vervollständigen**, dass er die gleiche Bedeutung erhält wie der vorgegebene Satz. Dabei musst du jeweils ein in Klammern vorgegebenes Wort verwenden. In jeder Lücke darfst du insgesamt zwei bis fünf Wörter ergänzen, wobei du die bereits vorgegebenen Wörter nicht verändern darfst.
   In der Abschlussprüfung 2021 kam dieses Aufgabenformat nicht vor. Damit du aber das Vervollständigen von Lückensätzen trainieren kannst, enthalten alle Übungsaufgaben eine Aufgabe zum „Paraphrasing“.

D Writing

Im Bereich *Writing* kannst du die meisten Punkte erreichen. Du musst insgesamt zwei Aufgaben bearbeiten, wobei du jeweils **Wahlmöglichkeiten** hast. Nimm dir die Zeit, alle Aufgabenstellungen durchzulesen und genau zu überlegen, welche Themen dir am besten liegen, bevor du mit der Ausarbeitung deiner Lösungen beginnst. Du solltest auch ausreichend Zeit für die Korrektur einplanen. Lies deine Texte am Ende noch einmal aufmerksam durch, verbessere sprachliche Fehler und überprüfe, ob du alle Aspekte der Aufgabenstellung berücksichtigt hast. Achte beim Lesen auch darauf, ob der Text logisch aufgebaut ist und zum Thema passt, denn hier wird neben der Sprache (Grammatik, Wortschatz und Rechtschreibung) auch der Inhalt bewertet. Bei einer Themaverfehlung erhältst du weder Inhalts- noch Sprachpunkte. Daher ist es besonders wichtig, dass du das Thema gut triffst. Achte auch darauf, dass du textsortenspezifische Merkmale, wie z. B. Anrede- und Schlussformeln bei Briefen, berücksichtigst, ggf. auf dein Sach- und Fachwissen Bezug nimmst, wenn es das Thema erfordert, und dass du der Situation angemessen formulierst. Das bedeutet z. B., dass du formelles Englisch verwendest, wenn du einen Beschwerdebrief schreibst, aber eher umgangssprachliches Englisch, wenn du einen Tagebucheintrag verfasst.

1. *Write a comment. Choose* ***one*** *of the following statements.*
   In einem „comment" sollst du zu einer Aussage, die oft ein kontroverses Thema anspricht, **Stellung nehmen**. Wichtig ist, dass du **Argumente** nennst, die **für und gegen die Aussage** sprechen, bevor du Position beziehst. Die Arbeitsanweisung enthält daher häufig den Zusatz: „Discuss the pros and cons and give your own opinion."
   Beginne deinen Text mit einem einleitenden Satz und drücke nach dem Hauptteil, in dem du die Argumente abwägst, deine **eigene Meinung** aus. Insgesamt sollst du rund **100 Wörter** schreiben.
   In der Regel kannst du aus drei Themen auswählen. Lies sie dir in Ruhe durch und überlege, zu welchem Thema dir „schlagkräftige" Argumente einfallen. Beginne am besten immer mit einer Stoffsammlung.

2. *Creative Writing – Choose one of the following tasks.*
   In diesem Prüfungsteil hat deine Englisch-Lehrkraft die Möglichkeit, eine Aufgabe zu streichen und somit eine Vorauswahl zu treffen. In der Prüfung werden dir dann die von der Lehrkraft ausgesuchten Möglichkeiten vorgelegt, aus denen du eine Aufgabe auswählst.
   Bei dieser kreativen Schreibaufgabe kannst du deiner Fantasie freien Lauf lassen. Dennoch solltest du deinen Text planen, bevor du mit dem Schreiben beginnst. Nur so kannst du sicherstellen, dass sich ein roter Faden durch deinen Text zieht und dass du nicht viel zu wenig oder viel zu viel schreibst. Die Aufgabenstellungen können ganz vielfältig sein: Bewerbungen (z. B. um einen Ferienjob im Ausland oder um einen Nebenjob), Geschichten zu Bildern oder zu einem vorgegebenen Anfang oder Ende, Tagebucheinträge, Blogeinträge, Briefe oder E-Mails (z. B. ein Beschwerdeschreiben), Zeitungsartikel oder Leserbriefe, Rezensionen zu Filmen oder Büchern etc. sind typische Textsorten. Welche Art von Text du schreiben sollst, steht ausdrücklich in der Aufgabenstellung: *Write an application. / a story / a blog entry. / a letter. / an article / an e-mail. / a review. / a letter to the editor. / a diary entry / …*
   Lies dir die Themenauswahl durch und überlege, zu welchem Thema du spontan eine gute Idee hast. Beginne dann mit einer Stoffsammlung, z. B. in Form einer Mindmap oder einer Stichwortsammlung bzw. Gliederung. Erst dann

solltest du mit dem Ausformulieren deines Textes beginnen. Dein Text sollte rund **160 Wörter** enthalten. Ist ein einleitender Satz und/oder der Schlusssatz vorgegeben, darfst du die Wörter des Satzes nicht zu deinem Text zählen, wenn es um die Textlänge geht.

In Teil D 1 kannst du immer 9 Punkte (3 für Inhalt und 6 für Sprache), in Teil D 2 18 Punkte (6 für Inhalt und 12 für Sprache) erreichen, wobei bei der sprachlichen Bewertung Grammatik und Wortschatz getrennt voneinander betrachtet werden.

Im Teil **D 1** sollst du **zwischen 90 und 120 Wörter** schreiben. Im Teil **D 2** bleibt dir ein Punktabzug erspart, wenn dein Text **zwischen 140 und 200 Wörter** umfasst. Hältst du dich nicht an die Vorgaben, was die Länge deiner Texte anbelangt, so werden dir Punkte abgezogen. Wie viele Punkte dir abgezogen werden, hängt davon ab, wie sehr du von den Vorgaben abweichst. Wenn dein Text bei Aufgabe D 2 z. B. 120 Wörter oder 220 Wörter enthält, werden dir 3 Punkte abgezogen. Schreibst du z. B. 100 oder 240 Wörter, musst du mit einem Abzug von 6 Punkten rechnen usw.

E Interpreting

Der letzte Prüfungsteil besteht normalerweise aus zwei Aufgaben. In zweisprachigen Kommunikationssituationen sollst du **Informationen sinngemäß** – also nicht wortwörtlich – **vom Deutschen ins Englische** bzw. **vom Englischen ins Deutsche übertragen**. Achte darauf, dass du sprachlich korrekt und der Situation angemessen formulierst und alle **Kernaussagen** in die jeweils andere Sprache überträgst. Deutsche Rechtschreibfehler werden nicht gewertet, wohingegen englische Rechtschreibfehler zu Punktabzug führen, wenn sie sinnentstellend sind.

Typische Aufgabenformate sind:

1. *Answer the questions in English. / … in German.*
   Bei dieser Aufgabe liegt dir ein **deutsch- oder englischsprachiger Sachtext** vor. Deine Aufgabe ist es, dem Text relevante Informationen zu entnehmen und weiterzugeben, indem du einige **Fragen zum Text in der jeweils anderen Sprache beantwortest**, d. h., Fragen zu einem deutschsprachigen Text beantwortest du auf Englisch, Fragen zu einem englischsprachigen Text beantwortest du auf Deutsch. In der Regel ist es ausreichend, wenn du Stichpunkte formulierst – halte dich hier in jedem Fall an die Aufgabenstellung. Manchmal wird in Klammern angegeben, wie viele Angaben du machen sollst. Am rechten Rand siehst du auch, wie viele Punkte du jeweils bei einer Frage erreichen kannst. Normalerweise bekommst du mehr Punkte auf Fragen, deren Antwort

ausführlicher ausfallen muss oder bei denen du mehrere Aspekte nennen sollst bzw. auf Fragen, die inhaltlich komplizierter sind.

2. *Inform ... (about ...)*
   In diesem Aufgabentyp übernimmst du die Rolle einer **Dolmetscherin** oder eines **Dolmetschers**. Auch hier überträgst du Informationen vom Deutschen ins Englische und/oder vom Englischen ins Deutsche. Achte darauf, dass du die **wichtigen Inhalte** in die andere Sprache überträgst, ohne wortwörtlich zu übersetzen. Achte auf die Arbeitsanweisung, ob ganze Sätze verlangt werden. Es gibt sehr viele verschiedene Situationen, in denen ein*e Dolmetscher*in benötigt wird. Genauso vielfältig wie die Situationen können auch die Aufgabenstellungen sein: Lies die Anweisung also in Ruhe durch und denke dich in die Situation ein, denn du sollst die Informationen sprachlich so formulieren, dass sie zur Situation und zum Adressaten passen. Das bedeutet, dass du Inhalte anders formulieren musst, wenn du z. B. etwas zu deinen Eltern sagst, als wenn du mit fremden Erwachsenen sprichst. Denke auch daran, dass du die jeweils richtige Perspektive (und somit z. B. das passende Personalpronomen) wählst.

Tipps zur Arbeit mit diesem Buch

Bearbeite am besten jede Original-Prüfung oder Aufgabe im Stil der Prüfung in der vorgegebenen Zeit, um dich mit den zeitlichen Anforderungen der Prüfungssituation vertraut zu machen. Beachte, dass die Bearbeitungszeit der Prüfungen 2018 und 2019 nur 120 Minuten beträgt, wohingegen dir für die Aufgaben im Stil der Prüfung und für die Prüfungen 2021 und 2022 jeweils 150 Minuten zur Verfügung stehen. Korrigiere im Anschluss deine Lösungen, indem du sie mit den Lösungen im Buch vergleichst. Zu allen Aufgaben gibt es **vollständige Lösungsvorschläge** sowie **detaillierte Hinweise** zu den erwarteten Lösungen. Lies die Hinweise zu den einzelnen Aufgaben aufmerksam durch. Sie liefern dir Tipps zur Bearbeitung der Aufgaben und Erklärungen, warum eine Antwort richtig ist. Solltest du viele Fehler gemacht haben oder sollte dir die vorgegebene Zeit nicht ausgereicht haben, bearbeite die Aufgaben zu einem späteren Zeitpunkt noch einmal. Wenn du nur sehr wenige oder gar keine Fehler gemacht hast, kannst du ganz entspannt in die Prüfung gehen.

Die folgende Übersicht zeigt dir auf, welche Prüfungsteile und Aufgabenformate dich in deiner Prüfung erwarten werden und welche Aufgaben aus den „alten“ Prüfungsaufgaben 2018 und 2019 du gut für deine Vorbereitung verwenden kannst.

Prüfungsteile	Folgende Punkte solltest du beachten:
Listening Comprehension	Da 2021 das **Hörverstehen zum ersten Mal** in der schriftlichen Prüfung vorkam, solltest du die Aufgaben im Stil der Prüfung und den Teil A der Prüfungen 2021 und 2022 nutzen, um dich auf diesen Teil vorzubereiten.
Text-based Tasks	Die Texte und Aufgaben der Original-Prüfungen 2018 und 2019 eignen sich prima, um dich auf die Abschlussprüfung vorzubereiten, auch wenn die früheren Lesetexte ein bisschen kürzer ausfallen als in der aktuellen Prüfung. Die Aufgabe „**Ask questions**" war 2018 und 2019 noch Teil der „Text-based Tasks", sodass du Fragen stellen musstest, die sich auf den Lesetext bezogen haben. Diese Aufgabenstellung ist ab 2021 im Teil „Use of Language" zu finden und bezieht sich nicht mehr auf den Lesetext.
Use of Language	Auch die Aufgaben zum Bereich „Use of Language" der Prüfungen 2018 und 2019 eignen sich optimal zur Vorbereitung auf deine Abschlussprüfung. „Paraphrasing" ist ein mögliches neues Aufgabenformat. Da es in der Prüfung 2021 nicht vorkam, übe das Umformulieren der Sätze am besten mit den Aufgaben im Stil der Prüfung.
Writing	Beachte, dass sich im Prüfungsteil „Writing" die **Vorgaben zur Textlänge** geändert haben, denn in deiner Abschlussprüfung werden längere Texte von dir verlangt. Genauere Informationen findest du bei den Hinweisen und Tipps zum „Writing". **Bei der ersten Aufgabe** musst du besonders **aufpassen**, denn hier hat sich auch die Formulierung der Aufgabenstellung geändert: In den Prüfungen 2018 und 2019 lautete der Arbeitsauftrag „Give your opinion", d. h., du solltest einer Aussage zustimmen oder sie ablehnen und deine Meinung entsprechend begründen. Die neue Arbeitsanweisung hingegen lautet „Discuss the pros and cons (and give your opinion)." In deiner Abschlussprüfung wird also von dir verlangt, dass du Argumente aufschreibst, die **für und gegen** eine Aussage sprechen, bevor du zu einer Entscheidung kommst.
Interpreting	Die Aufgaben der Original-Prüfungen 2018 und 2019, in denen du Fragen zu einem deutschsprachigen Text auf Englisch beantworten sollst (Teil D. Skills and techniques – „Pass on the information"), kannst du super für deine Prüfungsvorbereitung nutzen. Die Aufgaben unter „Mediation" solltest du ebenfalls bearbeiten, auch wenn in deiner schriftlichen Abschlussprüfung das Übertragen von Informationen möglicherweise nicht im Gespräch stattfindet. Bearbeite hierzu unbedingt auch die Aufgaben im Stil der Prüfung und die Original-Prüfungsaufgaben ab 2021 (Teil E).

ÜBUNGSAUFGABEN

Abschlussprüfung an Realschulen in Baden-Württemberg
Übungsaufgabe 1

A LISTENING COMPREHENSION 20

1 A survey on the use of video platforms (5)

You will hear a radio report about a survey on the use of video platforms.
You will hear the report twice. Take notes and fill in the table.

a who carried out the study	
b number of students in the study	
c average time per week students spend watching videos online	
d favourite kinds of videos for boys (top 2)	❶ ❷
e favourite kinds of videos for girls (top 2)	❶ ❷

2 Different ways of travelling (5)

You will hear a radio show about travelling trends. What do Roger, Rachel and Jason say about their favourite type of holiday? Listen to the radio show twice and write the correct name (Roger, Rachel, Jason) next to the statement, but be careful: one statement does not fit. Mark this statement with a cross (✗).

a ______ I really hate sport.

b ______ I love the feeling of sand under my feet.

c ______ I don't need a bed when I'm on holiday.

d ______ The heat is not my thing.

e ______ Meeting new people is great.

3 Cyberbullying (6)

You will hear a radio interview about cyberbullying.
You will hear the interview twice. Take notes and fill in the missing information.

how the victims were bullied

a Kevin: ______________________________

____

b Jenny: *nasty anonymous messages on her phone*

c Emma: *online poll in which people were asked to rank her looks*

how they felt

d Emma: *depressed*

e Jenny: ______________________________

____

f Kevin: ______________________________

____

Cyberbullying

who they talked to

g Jenny: *her best friend Zoe*

h Kevin: ______________________________

____

i Emma: *nobody at first*

how the bullying ended

j Kevin: *brother told the headteacher about the bullying / talked to the bullies / bullies were suspended from school*

k Emma: ______________________________

____

l Jenny: ______________________________

____

4 Eye movement (4)

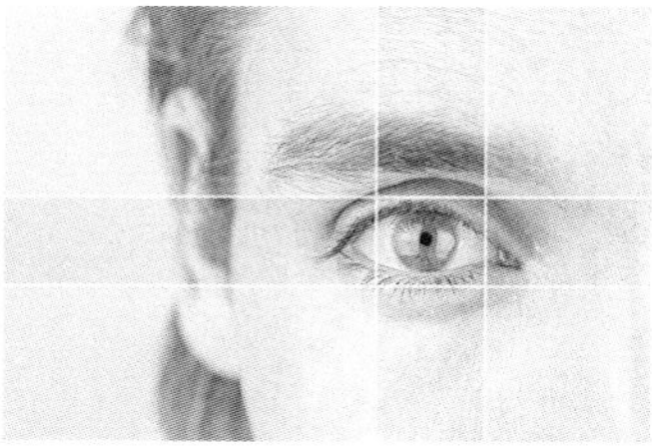

You will hear a report about eye movement. One ending to each of the following sentences is correct.

Tick (✓) the correct ending to finish the sentences. You will hear the recording twice.

a Lie detectors are used by the police and the FBI but they are …

A ☐ frequently unreliable.

B ☐ very expensive and complicated.

C ☐ only used for men.

b Even innocent people who are very nervous might have …

A ☐ fast moving eyes.

B ☐ a fast heartbeat and sweaty hands.

C ☐ a slow heartbeat and dry hands.

c If you see a picture of a familiar face …

A ☐ your eyes stay longer on a few features.

B ☐ your face relaxes.

C ☐ your eyes dance from one feature to the next.

d Even if tracing eye movement is promising, …

A ☐ you can't tell whether a person is lying.

B ☐ you need a special course to be able to do it.

C ☐ more research is needed.

Text Global hunger stable, but obesity on rise

The United Nations says more than 820 million people around the world are hungry while at same time obesity is hitting record levels.

A report recently released by five U.N. agencies dealing with food, nutrition and health says that while hunger levels have mostly stabilized, more people around the world are anxious about where their family's next meal will come from. The report also listed several different reasons for these anxieties. "People that feel insecure because they are in areas under conflict, insecure because they are in countries with high levels of inflation, insecure because they are very low paid that they will not have money to buy their food – this number reached 2 billion people around the world," José Graziano da Silva, director-general of the Food and Agriculture Organization (FAO) said at the report's launch. "This is really a big, big number. We were surprised when we found this figure."

The report notes the highest hunger rates are in Africa and growing steadily in almost all parts of the continent, where climate and conflict, economic slowdowns and downturns have driven more than 256 million people into a state of food insecurity. Not knowing whether you will have enough food for yourself and your family makes life a hardship. Children in particular are the most at risk and starve to death. In Asia, the lack of food is a big problem too: more than 500 million people, primarily in the southern part of the continent, are suffering from malnutrition. This sort of hunger has lasting impacts on its victims and their development, especially children, who suffer from stunting[1] and wasting[2]. As a result, children don't grow as they should and are often very weak and get ill.

"So the question is what are we going to do about it?" asked World Food Program Executive Director David Beasley. "Because if these were your little girls and your little boys, I guarantee you, you'd be doing everything you could to do something about it." Beasley appealed to parents all over the world who never have to worry about the next meal for their children. He also stressed that the problem of world hunger is solvable, but is not achievable without ending war and conflicts, which consume a huge portion of the global economy that could be used for development. Therefore, ending wars and conflicts should be the focus.

For the first time, the U.N. agencies were also able to gather data on world obesity rates, which are skyrocketing. "We have about 830 million obese people in the world," said the FAO's Graziano da Silva. He said trends indicate that the numbers of overweight and obese people in Africa and Asia would soon exceed those who are hungry. Graziano da Silva said obesity rates are rising by 6.3 % and 7.5 % per year respectively in Africa and Asia, while the global average is 4.8 %. "It's really a global epidemic issue the way obesity is rising and how fast it is rising," Graziano da Silva said and went on to explain that the cost of obesity is very high, some $ 2 trillion a year in related illnesses and other side effects.

In order to prevent this global epidemic from spreading any further, Graziano da Silva urged better labelling of foods, reducing the levels of salt, fats and sugars in processed foods and restricting advertising for some products geared toward children. He noted healthy and fresh foods also need to be promoted and access to them needs to be increased for some populations.

That there is a growing number of obese people in the world at large is shocking. Watching people fighting hunger while others struggle with unhealthy eating habits is depressing. The changes Graziano da Silva suggested are steps in the right direction, but it will take time to convince the governments to take action and to make the food industry implement[3] them. *(660 words)*

Adapted from: Margaret Besheer, Voice of America – Science and Health, July 15, 2019

1 stunting – *Unterentwicklung*
2 wasting – *Marasmus (Krankheit, die durch Unterernährung entsteht)*
3 (to) implement – *umsetzen, einführen*

1 Match the headings with the parts of the text. (5)

There are two more headings than you need.
Example: 8 – f

1 Ways to prevent obesity	**a** lines 3–12
2 War in Africa	**b** lines 13–22
3 Facts and figures about food insecurity worldwide	**c** lines 23–30
4 How to solve the problem of world hunger	**d** lines 31–39
5 Tips on healthy eating	**e** lines 40–44
6 Hunger and its consequences in Africa and Asia	
7 Obesity around the world	

2 Decide whether the following statements are true, false or not in the text. (3)

Example: g – not in the text

a Many people are insecure about feeding their family.

b José Graziano da Silva expected the number of people who are anxious about their next meal to be as high as in the report.

c There are various reasons for the high hunger rates in Africa.

d The number of wars in Asia and Africa is increasing.

e Soon fewer people in Africa and Asia will be obese rather than hungry.

f Healthy food, fresh fruit and vegetables play an important part in preventing obesity.

3 Finish the sentences using the information from the text. (6)

Example: g – C

a According to the text, strong inflation and low wages can cause …

A anxiety.

B depression.

C anger.

D obesity.

b Two billion people …

A want to get a better job.

B think about moving to a safer country.

C are afraid they cannot feed their family.

D live in an area under conflict.

c Beasley said all the conflicts and wars have to stop so that …

A fewer people are killed in fights.

B fewer soldiers are needed.

C less money is needed.

D fewer children lose their parents.

d U.N. agencies found out that …

A people want to go into space.

B there are more overweight people in the world than there are people who suffer from hunger.

C only Africa and Asia have a problem.

D the number of obese people is going up slowly, but steadily.

e It is a worldwide problem that more and more people …

A do not care about the environment.

B weigh too much.

C in Africa are starving to death.

D are afraid of wars.

f Graziano da Silva wants …

A food to be labelled more clearly.

B processed food to be banned.

C advertising for fast food to be prohibited in general.

D companies to make more kid-friendly advertisements.

4 Find <u>three</u> measures that can help to stop obesity. (3)

Use the information from the text and take notes.

5 Answer the questions in complete sentences. (8)

Use the information from the text.

a What are the reasons for food insecurity according to the text?

b Why are the hunger rates in Africa steadily rising?

c What consequences does malnutrition have?

d How will the problem of obesity develop?

C USE OF LANGUAGE 23

1 Find words or expressions in the text (part B) which mean more or less the same. (3)

a not long ago (lines 3–12)

b shortage (lines 13–22)

c diseases (lines 31–39)

2 Find the opposites. (3)

a weak (line 22)
b rising (line 37)
c better (line 41)

3 Choose <u>two</u> of the following words and give a definition. (4)

a obesity (line 2)
b solvable (line 28)
c (to) reduce (line 41)

4 Vocabulary – Grammar (6)

Complete the text by using suitable forms of the words. Find words of your own to replace the question marks.

Nelson Rolihlahla Mandela

Nelson Rolihlahla Mandela __________ the Nobel Peace Prize	**a** to receive
in 1993 after he __________ 27 years in prison. He was one	**b** to spend
of the political leaders __________ fought for the rights of	**c** ?
black people and against apartheid. He is the founding father of	
__________ in South Africa.	**d** peaceful
If you take the time to read his autobiography "Long Walk	
to Freedom", you ______________ a lot about this great	**e** to learn
____________ leader, who can be described as a special per-	**f** politics
son with a _____________ mind.	**g** beauty
Nelson Mandela _________ president of South Africa in 1994	**h** to elect
after __________ the country's first democratic election. He is	**i** to win
one _______ the most important figures in history. Since 2009,	**j** from/of/off
on 18th July, his birthday _________ as Nelson Mandela Inter-	**k** to celebrate
national Day. It is a day to take action and make the world a bet-	
ter place. Can you make a __________ in your community too?	**l** different

5 Ask questions. (3)

You are talking to John, who has just returned from his trip around South Africa. Ask him three questions about his trip.
Use different questions forms or tenses.

6 Paraphrasing (4)

Complete the second sentence so that it means the same as the first sentence. Use between two and five words including the word in brackets.

Example:
Brad: I have tons of stuff to throw away.
(get rid) **Brad:** I need to … of junk.
→ … get rid of a lot …

a **Penny:** I can't wait to celebrate my birthday. I'm so excited!
(look forward) **Penny:** I'm … birthday this year.

b **Brad:** Listening to people can make a big difference.
(important) **Brad:** It's … have someone who listens to them.

c **Penny:** I've never heard such a sad story.
(ever) **Penny:** It's the … heard.

d **Ben:** The activity I like best is reading biographies.
(pastime) **Ben:** Reading biographies …

D WRITING 27

1 Write a comment. (9)

Choose **one** of the following statements. Discuss the pros and cons and give your own opinion. Write about 100 words.

A Homework should be abolished.

B Social media destroy communication.

C Schools should switch to e-books.

2 Choose task A <u>or</u> task B. (18)

You only have to do **one** of the following tasks.

A Write a story with **one** of the following endings in about 160 words.
Ending ❶ … *and that's why I got a huge cake from my neighbour.*
Ending ❷ … *and that's why I'm on YouTube now.*

B Write a letter of complaint.
Your family spent a week at a hotel in Sydney. It was the worst stay at a hotel you have ever had. Write a letter of complaint and explain why you weren't satisfied. Write about 160 words.

E INTERPRETING 15

1 Answer the questions in German. (6)

You have found an interesting article about baby elephants on the internet. In your answers, you need not write complete sentences.

a Was sollte bei der Konferenz beschlossen werden? (1)

b Wie war das Abstimmungsergebnis? (1)

c Warum ist ein solches Verbot wichtig? (1 Angabe) (1)

d Wer ist traumatisiert, wenn Babyelefanten eingefangen werden? (1)

e Was passierte mit den Babyelefanten aus Simbabwe? (2 Angaben) (2)

Text **UN bans sending baby elephants from wild to zoos and circuses**

Delegates at a U.N. wildlife conference in Geneva voted to ban the practice of taking baby elephants from their natural habitat and placing them in zoos and circuses.

Forty-six countries at the UN Convention on International Trade in Endangered Species (CITES) voted to outlaw the practice.

While 18 voted against it, including the United States, nineteen abstained.

The ban proclaims entertainment venues to be "unacceptable and inappropriate destinations" for elephants. "This decision will save countless elephants from being ripped away from their families in the wild and forced to spend their lifetimes imprisoned in substandard conditions at zoos," the Humane Society International said. "The capture of baby elephants is horribly cruel and traumatic to both the mothers, their calves and the herds that are left behind."

Sunday's decision specifically targets Botswana, Namibia, South Africa, and Zimbabwe. CITES says Zimbabwe has sent more than 100 baby elephants to China since 2012, traumatizing the animals who it says are beaten, kicked, and treated cruelly by their handlers. Several have died.

Adapted from: Voice of America – Science and Health, August 18, 2019

2 School rules (9)

Your school is taking part in an exchange programme with an Irish school. Your headteacher wants you to inform the Irish students about the school rules. Write down the rules for the exchange students in English.

a Um gut lernen zu können, haben die Schüler*innen stets alle Unterlagen dabei, die sie an diesem Tag benötigen, und erscheinen rechtzeitig zum Unterricht.

b Alle elektronischen Geräte (z. B. Smartphones) dürfen im Schulhaus nicht benutzt werden. Jede*r ist selbst dafür verantwortlich, dass sie sicher verwahrt werden.

c Ein freundliches und höfliches Miteinander ist selbstverständlich. Hilfsbereitschaft wird an unserer Schule großgeschrieben.

d Die Schüler*innen gehen fair und respektvoll miteinander um. Gewalt in jeder Form ist verboten.

e Jede*r soll sich an unserer Schule wohlfühlen. Die Schüler*innen zeigen Verständnis füreinander, akzeptieren kulturelle Unterschiede und respektieren andere Meinungen. An unserer Schule ist kein Platz für Mobbing.

f Auch außerhalb der Schule - z. B. auf dem Schulweg und in der Freizeit - verhalten sich alle Schüler*innen verantwortungsbewusst und achten auf eine angemessene Sprache.

A LISTENING COMPREHENSION

1 A survey on the use of video platforms

Listening text

Good morning everybody, this is Skylar and you're listening to your school radio station and our brand-new show "Wake up and seize the day". Today we're going to talk about a survey which a group of year 8 students carried out about video platforms and how students at our school generally use them.

Mr Colton, who teaches Health, and ten year 8 students conducted an online survey with 12 questions to find out how often we watch videos online and what kinds of videos we prefer, for example. 728 students out of 872 students in total at our school filled in the questionnaire.

Our research revealed that both girls and boys at our school enjoy watching online videos more than any other screen media activity, such as gaming, social media or watching TV, and that YouTube is, by far, the most popular video platform.

Now how much time do students at our school spend watching video clips on the internet? Our survey shows that they spend approximately one hour per day streaming videos during the school week, and even more at the weekends. The highest number was 14 hours a week, whereas students spend eight hours and fifteen minutes a week on average on YouTube and other video sites, which is still a lot, considering that watching videos is only one of many different screen activities they engage in.

Although there's basically no difference between girls and boys concerning the amount of time watching videos, the content is partly different.

Among the 14- to 16-year-olds, gaming was the clear winner for the boys while it didn't even make the girls' top-five list at all. While pranks ranked 5th for the girls, this category's clearly more important for the boys and came second. For girls, music is their favourite content, followed closely by comedy sketches. According to the survey, all students enjoy watching challenges YouTubers take part in, so these videos ranked third for both girls and boys. Also popular among all the participants are funny animal videos and so-called "how to"-videos.

That's it for today! Tomorrow, I'm going to go into more detail concerning the results among our younger students. Have a good school day everyone!

TIPP

Du hörst eine Sendung eines Schulradiosenders, in der es um eine Studie zur Nutzung von Videoplattformen wie YouTube unter Jugendlichen geht. Deine Aufgabe ist es, Informationen in eine Tabelle einzutragen. Beschränke dich beim Ausfüllen der Tabellenfelder auf die geforderten Aspekte. Beachte, dass bei den letzten beiden Teilaufgaben jeweils zwei Informationen ergänzt werden müssen. Halte dich an die Vorgabe, nur Stichpunkte zu notieren, um sprachliche Fehler zu vermeiden.

Hinweise zu den Lösungen

a Schüler*innen der achten Jahrgangsstufe haben die Umfrage durchgeführt. Die Erwähnung des Lehrers ist nicht zwingend erforderlich. Die Informationen findest du im Transkript in den Zeilen 3 und 5/6.

b 728 von insgesamt 872 Schülerinnen und Schülern haben an der Umfrage teilgenommen (vgl. Z. 7/8).

c Pass auf, dass du die durchschnittliche Zeit aufschreibst: "students spend eight hours and fifteen minutes a week on average on YouTube and other video sites […]" (Z. 15/16)

d Die Lieblingskategorien der Jungs werden im Vergleich zu denen der Mädchen aufgezählt, sodass du hier ganz genau zuhören musst: "Gaming was the clear winner for the boys […] pranks […] came second." (Z. 21–23) Lass dich nicht verunsichern, wenn du beim ersten Hördurchgang noch nicht beide Kategorien notiert hast. Beim zweiten Hören kannst du dich auf den noch fehlenden Aspekt konzentrieren.

e Die beiden Lieblingskategorien der Mädchen werden direkt hintereinander genannt. Die Informationen findest du im Transkript in den Zeilen 23 und 24.

a a group of year 8 students (and their Health teacher)
or: Mr Colton and ten year 8 students
or: a teacher and some of his students in year 8

b 728

c eight hours and fifteen minutes
or: 8 hours and 15 minutes

d ❶ gaming
❷ pranks

e ❶ music
❷ comedy (sketches)

Listening text

Reporter: Hello and welcome to a new edition of our popular travelling trends series. My name's Victoria McKenzie and you're listening to City Radio 89.9. Let's hear what Roger, Rachel and Jason have to say about the topic of travelling.

Roger: Hi, I'm Roger. Travelling is my favourite hobby. I simply love the summer weather, the beach and the sea. As I'm from London and we've got one of the most important airports worldwide, I can easily fly to every destination imaginable. Once a year, my family and I fly to a remote island and spend our time relaxing under palm trees at some beautiful beach and going snorkelling. This kind of holiday is quite expensive, but it's worth every penny.

Rachel: To be honest, I can't stand the heat. That's why I prefer to spend my holidays in the mountains, where I can take my dog with me too. I love going there both in summer and in winter. In winter, I often go skiing, but I also love snowshoeing. It's very peaceful walking in the glistening snow – just me and my dog with nobody else around. But even in summer, a holiday in the mountains is fantastic. You can go hiking on isolated trails or swimming in one of the cold mountain lakes. I always go to bed exhausted, but very satisfied.

Reporter: Thank you, Rachel. What about you, Jason?

Jason: When I go on holiday, I always travel by bike. My friends and I think it's the best and most environmentally friendly way to travel. We always plan our trips carefully and choose the most beautiful bike paths in our area. We usually sleep in tents and spend lots of time talking, playing cards or singing campfire songs after a day of cycling. I think that a cycling holiday has lots of advantages: you do something to keep fit, you don't harm the environment and you also meet lots of people and make new friends. Try it for yourselves, I'm sure you'll love it!

TIPP

Der zweite Text ist eine Radiosendung, in der es um Reisetrends geht. Drei Personen werden zu diesem Thema befragt. Lies dir die Aufgabenstellung und die fünf Aussagen durch. Deine Aufgabe ist es, herauszufinden, welche Aussage zu welcher Person passt. Eine Aussage kann nicht zugeordnet werden und muss mit einem „✗" versehen werden. Zu einer Person passen somit zwei Aussagen.

Hinweise zu den Lösungen

a Diese Aussage trifft auf keine der drei befragten Personen zu. Stattdessen sprechen alle über verschiedene Sportarten, die sie im Urlaub ausüben: Roger geht schnorcheln (vgl. Z. 9), Rachel fährt u. a. Ski, geht wandern und schwimmen (vgl. Z. 13–16) und Jason macht immer Fahrradurlaub (vgl. Z. 19).

b Roger schwärmt von seinen Fernreisen und spricht von Sommerwetter, Palmen, Strand und Meer (vgl. Z. 5/6 und Z. 9).

c Jason berichtet von seinen Übernachtungen im Zelt (vgl. Z. 21/22).

d Rachel sagt, dass sie die Hitze nicht ausstehen kann: "I can't stand the heat." (Z. 11)

e Jason findet es toll, neue Leute kennenzulernen: "[...] advantages: [...] you also meet lots of people and make new friends." (Z. 23–25)

a ✗ **b** Roger **c** Jason

d Rachel **e** Jason

3 Cyberbullying

Listening text

Reporter: Welcome to our show "Teens Today". My name's Benjamin Atkinson and I'm your host. Today, we're going to talk about a serious topic – cyberbullying. I've invited three teenagers who are willing to share their personal experiences with us. Welcome, Jenny, Kevin and Emma.

Jenny: Hello.

Kevin: Thanks.

Emma: Hi.

Reporter: Cyberbullying has become a huge problem, so it's something that needs to be addressed. As it can come in many shapes and forms, I'd like to begin with my guests talking about how the bullying started for them.

Kevin: It started with some classmates making jokes about me but after a while they wouldn't let me sit with them at lunch and then the messages started. It was horrible. They called me all the names in the book and insulted me for being smart.

Jenny: I also got messages on my phone. There were hundreds of anonymous and hurtful messages. The bullies didn't make fun of my brain, but they said nasty things about my body.

Emma: For me it was also my looks, but they concentrated on my braces and my glasses. They even conducted an internet poll and asked people to rank my looks.

Reporter: Oh my! That sounds horrible. How did you feel when that happened, Emma?

Emma: I became depressed and I didn't talk to anybody at school anymore.

Jenny: I was the same. I cried a lot and felt very lonely and desperate.

Kevin: When I got the first message, I was shocked. When more and more messages arrived, I felt totally helpless.

Reporter: I'm so sorry to hear that the three of you have had to go through something like that. So, were you on your own or did you have support from someone? Jenny, what about you?

Jenny: The only one I could talk to was my best friend Zoe.

Kevin: I didn't want my parents to know because I felt so ashamed. After a while I started talking to my big brother though.

Emma: I didn't talk to anyone. I felt very alone all the time.

Reporter: Kevin, did it help to talk to someone?

Kevin: Absolutely. It was the best decision to open up to my brother.

Reporter: Talking to someone is the most important thing you can do should you be in a similar situation. Can you tell me how the bullying ended, Kevin?

Kevin: My brother told the headteacher about the bullying. He also talked to the bullies themselves and told them how wrong what they were doing was. The school took action right away and suspended the bullies from school for a while.

Reporter: What about you, Emma?

Emma: I got more depressed every day and grew quieter and quieter. One of my teachers noticed and tried to talk to me but I told her that everything was alright. Luckily, she didn't believe me and called my parents. When I finally told them what was going on, they were shocked. We went to school together and talked to a lot of people. Especially the school counsellor helped. Jenny, how does your story end?

Jenny: One day Zoe told me that I couldn't go on like that. We decided to tell my parents together. The four of us then talked to the headteacher. He immediately took action and organised workshops about cyberbullying. After that, the messages stopped.

Reporter: Thank you very much for your honesty and for sharing your experiences with us.

TIPP

In dieser Radiosendung geht es um das Thema „cyberbullying“. Drei betroffene Teenager berichten über ihre Erfahrungen. Deine Aufgabe ist es, Stichworte in einem „cluster“ zu ergänzen. Die bereits ausgefüllten Teile geben dir einen Hinweis darauf, wie und in welchem Umfang geantwortet werden soll. Die Reihenfolge der Sprecher*innen in der Aufgabe entspricht der Reihenfolge der Äußerungen im Text.

Hinweise zu den Lösungen

a Schreibe Stichpunkte und orientiere dich an den vorgegebenen Lösungen zu Jenny und Emma, was die Länge deiner Antwort anbelangt. Die Informationen findest du im Transkript in den Zeilen 11 bis 14.

e Es genügt, wenn du – wie im Beispiel von Emma – nur die Gefühle aufführst. Wichtig ist jedoch, dass du beide Adjektive nennst, die Jennys Gefühlslage beschreiben (vgl. Z. 24).

f “I was shocked. […] I felt totally helpless.” (Z. 25/26)

h “After a while I started talking to my big brother […]” (Z. 31/32)

k “We went to school together and talked to a lot of people. Especially the school counsellor helped.” (Z. 45/46)

l “Zoe told me that I couldn’t go on like that. We decided to tell my parents together. The four of us then talked to the headteacher. He immediately took action and organised workshops about cyberbullying. After that, the messages stopped.” (Z. 48–51)

a (his/some) classmates made jokes (about him)/(the) bullies made fun of him
or: (the) bullies didn’t let him eat lunch with them
or: (he got) horrible messages/(he received) mean messages/(he was sent) insulting messages

e (she was/felt) lonely and desperate/lonely, desperate

f (he was/felt) shocked and helpless/shocked, helpless

h his big/older brother

k (she) went to school together with her parents and talked to a lot of people
or: (the) school counsellor helped (her)/(she) talked to the school counsellor

l Zoe and Jenny talked to Jenny’s parents together
or: (Zoe and) Jenny and her parents talked to the headteacher
or: (there were) workshops about cyberbullying at school/(the) headteacher organised workshops about cyberbullying
or: the bullying stopped after the school had organized workshops about cyberbullying

Listening text

When suspects are interviewed by the police or the FBI, lie detectors are sometimes used but the results are often dissatisfying.
Lie detectors, or polygraphs, measure a person's stress level by monitoring their physical responses, such as the rise in blood pressure or changes in the person's breathing while answering questions. The underlying assumption is that when someone is stressed, there is a physical reaction and that most people feel stressed when lying.
However, an innocent person who is taking a polygraph test can be very nervous and have a racing heartbeat and sweaty hands, while a criminal who is used to lying might have a slow heartbeat and dry hands.
Now researchers have found out that eye movement can be a better indicator about whether a person is lying than the usual lie detector test. If you show pictures to people, the eye movement will tell you if they know the person or if they don't.
When people look at a familiar face, their eyes linger on a few features of the face, for example the eyes, the nose or maybe a dimple. When they look at an unfamiliar face however, the eyes dance from one feature to the next and pause frequently but only briefly.
A study with 48 students, conducted by psychology researcher Dr. Ailsa Millen of the University of Sterling in Scotland, showed that it is very hard to hide that you know a face. Even though the researchers gave tips on how to pretend to not know a face, they could still tell when the participants were lying. The findings sound promising but a lot more research and studies are needed until this method can be used in a reliable way.

TIPP

In dieser Reportage geht es um Augenbewegungen und wie diese Aufschluss darüber geben können, ob eine Person lügt oder die Wahrheit sagt. Deine Aufgabe ist es, zu den vorgegebenen Satzanfängen das jeweils passende Satzende auszuwählen.

Hinweise zu den Lösungen

a Gleich zu Beginn der Reportage wird die relevante Information genannt: "When suspects are interviewed by the police or the FBI, lie detectors are sometimes used but the results are often dissatisfying." (Z. 1/2) Das Adjektiv „dissatisfying" bedeutet „unbefriedigend". Wenn die Ergebnisse eines Lügendetektortests unbefriedigend sind, heißt das, dass man sich nicht auf sie verlassen kann. Somit ist das erste Satzende richtig, denn „unreliable" bedeutet „unzuverlässig".

b "[…] an innocent person who is taking a polygraph test can be very nervous and have a racing heartbeat and sweaty hands […]" (Z. 8/9)

c "When people look at a familiar face, their eyes linger on a few features of the face […]" (Z. 14)

d "The findings sound promising but a lot more research and studies are needed until this method can be used in a reliable way." (Z. 21–23)

a A **b** B **c** A **d** C

B TEXT-BASED TASKS

1 Match the headings with the parts of the text.

TIPP

Bei dieser Aufgabenstellung sollst du den angegebenen Textabschnitten a bis e die Überschriften 1 bis 7 zuordnen. Wie du am Beispiel siehst, genügt es, wenn du die Zahl und den passenden Buchstaben aufschreibst. Denk daran, dass zwei Überschriften übrig bleiben.
Hier passen die Überschriften „War in Africa" (Überschrift 2) und „Tips on healthy eating" (Überschrift 5) nicht.

Hinweise zu den Lösungen

1 In Absatz e geht es um die Vorschläge von Graziano da Silva, wie man verhindern kann, dass sich das Problem der Fettleibigkeit immer mehr ausbreitet.

3 In den Zeilen 3 bis 12 geht es um einen Bericht, der Informationen zur Problematik liefert. Schlagworte wie „anxious" (Z. 5), „anxieties" (Z. 6) und „insecure" (Z. 6–8) befinden sich alle in Absatz a.

4 In den Zeilen 27 und 28 wird wortwörtlich „problem of world hunger" erwähnt, was auch in der Überschrift vorkommt, sodass der passende Abschnitt leicht gefunden werden kann.

6 In Absatz b wird zuerst die Unterernährung in Afrika (vgl. Z. 13–18) und dann die in Asien beschrieben (vgl. Z. 18–22). Das Schlüsselwort „hunger" aus der Überschrift kommt im Text in Zeile 20 vor.

7 In den Zeilen 31 und 32 findest du die Begriffe „obesity" und „obese". Darüber hinaus wird in den folgenden Zeilen die Entwicklung von Fettleibigkeit auf mehreren Kontinenten verglichen und es ist die Rede von einer globalen Epidemie (vgl. Z. 37), sodass klar wird, dass Überschrift 7 zu Absatz d gehört.

1 e **3** a **4** c **6** b **7** d

2 Decide whether the following statements are true, false or not in the text.

TIPP

Bei dieser Aufgabe sollst du entscheiden, ob die sechs Aussagen zum Text richtig oder falsch sind bzw. ob die Informationen gar nicht im Text erwähnt werden. Lies den Text erneut und markiere relevante Stellen. Die Aussagen entsprechen der Reihenfolge der Informationen im Text. Beachte, dass die Aussagen meist nicht wortwörtlich im Text stehen. Manchmal sind sie nur minimal verändert, erhalten aber durch eine andere Wortwahl eine völlig andere Bedeutung.

Hinweise zu den Lösungen

- **a** In den Zeilen 4 und 5 findest du die Aussage, dass immer mehr Menschen auf der Welt nicht wissen, woher ihre Familien die nächste Mahlzeit bekommen sollen: "more people around the world are anxious about where their family's next meal will come from."
- **b** In Zeile 12 findest du folgende Aussage: "We were surprised when we found this figure." Das bedeutet im Umkehrschluss, dass Graziano da Silva bzw. die FAO dieses Ergebnis nicht erwartet hatte.
- **c** In den Zeilen 14 und 15 werden einige Gründe für die Hungersnot in Afrika genannt: "climate and conflict, economic slowdowns and downturns".
- **d** Es wird nicht explizit über Kriege in Afrika und Asien gesprochen und ein Anstieg wird an keiner Stelle erwähnt.
- **e** Genau das Gegenteil wird der Fall sein: "He said trends indicate that the numbers of overweight and obese people in Africa and Asia would soon exceed those who are hungry." (Z. 33–35) Das Verb „(to) exceed" bedeutet hier „übersteigen".
- **f** Graziano da Silva spricht bei Maßnahmen gegen das Übergewicht von „healthy and fresh foods" (Z. 43).

a true **b** false **c** true

d not in the text **e** false **f** true

3 Finish the sentences using the information from the text.

TIPP

In dieser Aufgabe sollst du Satzanfänge mit Informationen aus dem Text vervollständigen. Dazu musst du das passende Ende eines Satzes aus vier Alternativen auswählen. Lies dir den Text erneut gut durch, markiere Schlüsselbegriffe und achte auf Details.

Hinweise zu den Lösungen

a Schlüsselbegriffe, nach denen du hier suchen solltest, sind „inflation" und „low wages". Das erste Wort findest du in Zeile 8, während „low wages" im Text in dieser Form nicht vorkommt. Stattdessen findest du den Ausdruck „low paid", ebenfalls in Zeile 8. Lies nun den gesamten Abschnitt noch einmal, um auf eine der Antwortmöglichkeiten zu stoßen. Diese findest du in den Zeilen 5 und 6: "The report also listed several different reasons for these anxieties."

b Das Schlüsselwort „2 billion people" steht in Zeile 9 und wenn du den zugehörigen Absatz zu der Veröffentlichung liest, wird schnell klar, dass diese Leute besorgt sind, dass sie ihre Familien nicht ernähren können (vgl. Z. 4–10).

c Beasley wird im vierten Absatz erwähnt. Er formuliert deutlich, dass Kriege viel Geld kosten und beendet werden müssen, damit mehr Geld in die Entwicklung investiert werden kann: "[…] war and conflicts, which consume a huge portion of the global economy that could be used for development." (Z. 28/29)

d „U.N. agencies" findet man in Zeile 31. Wenn du den Abschnitt genau liest, stößt du auf die Zahl 830 Millionen (vgl. Z. 32), die die Anzahl der fettleibigen Personen weltweit angibt. Vergleichst du die Zahl mit den 820 Millionen, die Hunger leiden (vgl. Z. 1), stellst du fest, dass Antwort B richtig ist.

e Im fünften Absatz siehst du, dass sich „obesity" zu einem weltweiten Problem entwickelt: "It's really a global epidemic issue the way obesity is rising and how fast it is rising […]" (Z. 36/37)

f Graziano da Silvas Vorschläge findest du im vorletzten Absatz. Er spricht sich klar für „better labelling of foods" (Z. 41) aus.

a A **b** C **c** C

d B **e** B **f** A

4 Find <u>three</u> measures that can help to stop obesity.

TIPP

Bei dieser Aufgabe sollst du **drei** Maßnahmen aufzählen, die dabei helfen können, die Ausbreitung von Fettleibigkeit aufzuhalten. Verwende nur Informationen, die im Text vorkommen, und notiere deine Antworten in Stichpunkten. Alle Maßnahmen findest du in den Zeilen 40 bis 44.

Die Antworten sind Lösungsvorschläge.

- labelling food more clearly (might help)
  or: (to) label food better
  or: (proper/correct) food labelling
  or: clearer/better food labels
  or: better labelling of foods
- (to) reduce/reducing fats, salt and sugar in processed food
  or: ready-made meals should contain less salt and sugar and fewer fats
  or: healthier ingredients in convenience food
  or: fewer unhealthy ingredients in convenience food
  or: less salt and sugar and fewer fats in processed food
- unhealthy food should not be advertised for kids
  or: certain products should not be advertised for children
  or: advertising for some products geared towards children should be restricted
  or: stricter rules for advertising products geared towards children
  or: (to) restrict/restricting adverts for some products that are designed to be attractive for children
- healthy food should be promoted and distributed
  or: healthy and fresh foods need to be promoted and available for everyone
  or: promotion of healthy and fresh foods as well as availability of these products for everybody
  or: (to) promote and distribute healthy and fresh foods and (to) make them available for everybody
  or: promoting and distributing fresh and healthy foodstuff and making it available for everyone

5 Answer the questions in complete sentences.

TIPP

Es ist besonders wichtig, dass du die Fragen in ganzen Sätzen beantwortest, wie es in der Aufgabenstellung gefordert wird. Markiere auch hier die Stellen im Text, die zur Frage passen. Wenn eine Textstelle genau zur Frage passt, kannst du diese auch wörtlich übernehmen. Die Zeitform der Frage muss unbedingt für die Antwort berücksichtigt werden. Schreibe nur über Dinge, nach denen explizit gefragt wird, und verzichte auf weiterführende Informationen.

Hinweise zu den Lösungen

a Diese Antwort muss im „simple present" erfolgen, da die Frage ebenfalls im „simple present" steht. Die Antwort auf diese Frage findet sich in den Zeilen 4 bis 9.

b Du brauchst Zeiten der Gegenwart, um diese Frage zu beantworten. Mit der „progressive form" betonst du die Dauer einer Handlung oder drückst aus, dass eine Handlung gerade abläuft. Die Lösung findest du in den Zeilen 13 bis 16.

c Die Antwort findet man in den Zeilen 17 und 18 und 20 bis 22. Auch hier muss im „simple present" geantwortet werden, weil die Frage ebenfalls im „simple present" steht.

d Diese Frage bezieht sich auf eine mögliche zukünftige Entwicklung von „obesity". Um dazu eine Aussage zu formulieren, sollte man auf jeden Fall damit anfangen, wie viele Menschen jetzt schon unter Fettleibigkeit leiden. Die relevanten Informationen findest du in den Zeilen 32 bis 37.

a There can be various reasons behind food insecurity. People might be anxious about being able to feed their families because they live in countries where there is conflict and the price of food is inflated. It can also make people anxious if they have a very low-paid job so that they are not sure if they can buy their next meal.
or: One reason why people are anxious about being able to provide their families with enough food is that they live in areas under conflict/in war-torn countries. Other reasons for food insecurity are a slow economy with high levels of inflation and jobs with low wages.

b They are rising because people are suffering as a result of the climate and because they live in conflict zones. Often economic slowdowns and downturns cause hunger rates to rise as well.
or: Hunger rates in Africa are on the rise because of climatic conditions, wars and economic crises throughout the continent.

c Malnutrition has a lasting impact on people's health and the development of children, who are affected most seriously. They are not able to grow the way they normally would, making their growth stunted. They are very weak and often die because their body cannot fight illnesses.

d There are already 830 million overweight people in the world and obesity rates are rising globally. Even in those parts of the world where hunger rates are high, obesity is a huge problem. If obesity rates develop as projected, they will soon exceed hunger rates in Africa and Asia.
or: There are approximately 830 million obese people worldwide and numbers are growing, with Africa and Asia exceeding the global rate.
or: There are approximately 830 million obese people in the world, with numbers in Africa and Asia increasing more quickly than those in the other continents.

C USE OF LANGUAGE

1 Find words or expressions in the text (part B) which mean more or less the same.

TIPP

In dieser Aufgabe sollen zu den Begriffen Synonyme im Text gefunden werden. Um die Aufgabe richtig zu lösen, ist es wichtig, die Stellen, in denen der jeweilige Begriff im Text vorkommt, noch einmal sehr genau zu lesen, da das Synonym in der gleichen Form stehen muss wie der aufgeführte Begriff – z. B. im Plural.

Hinweise zu den Lösungen

a Du findest das passende Adverb mit der Bedeutung „kürzlich, vor Kurzem" gleich zu Beginn des zweiten Abschnitts in Zeile 3.

b Der genannte Begriff ist ein Nomen im Singular mit der Bedeutung „Mangel" oder „Engpass", weshalb nur „lack" (Z. 18) als Synonym infrage kommt.

c Das Wort „diseases" ist ebenfalls ein Nomen, steht im Plural und bedeutet „Krankheiten". Das gesuchte Synonym ist „illnesses" (Z. 39). Vergisst man das „-s" für den Plural, gibt es Punktabzug.

a recently

b lack

c illnesses

2 Find the opposites.

TIPP

Suche zuerst mithilfe der Zeilenangaben die Wörter im Text. Beachte, dass die gesuchten Gegenteile immer in den Textzusammenhang passen müssen. Sieh dir also die betreffenden Abschnitte genau an und überlege, welche Bedeutung das jeweilige Wort in diesem Kontext hat, sodass du das inhaltlich und grammatikalisch passende Antonym finden kannst.

Hinweise zu den Lösungen

a Bei „weak" handelt es sich um ein Adjektiv in der Grundform.

b Hier gibt es verschiedene Möglichkeiten. Wichtig ist, dass das Gegenteil in den Zusammenhang passt. Da der Begriff in der „-ing-form" angegeben ist, muss das Antonym in der gleichen Form stehen.

c Da es sich bei „better" um einen Komparativ handelt, brauchst du auch beim Gegenteil eine Steigerungsform. Das Antonym von „better" ist „worse". Beide Formen sind unregelmäßig; du solltest sie auswendig können.

a strong

b falling
or: sinking
or: dropping
or: going down

c worse

3 Choose two of the following words and give a definition.

TIPP

Bei dieser Aufgabe musst du **zwei** der Begriffe verständlich erklären. Du kannst die Wörter auch mit einem Synonym bzw. dem passenden Gegenteil erklären oder aber auch eindeutige Beispiele finden. Frage am besten deine Englisch-Lehrkraft, ob es an deiner Schule Einschränkungen bei den Lösungsmöglichkeiten gibt. In jedem Fall solltest du mindestens einen vollständigen Satz schreiben. Vergewissere dich darüber hinaus mithilfe der Textstelle, dass deine Erklärung eindeutig auf den Begriff in diesem Zusammenhang zutrifft.

Hinweise zu den Lösungen

a Oft ist es sinnvoll, den Satz mit dem Wort zu beginnen, das du erklären möchtest.

b Dieses Adjektiv erklärst du am besten mit einem Satzgefüge. Dabei kannst du einen „conditional sentence" oder einen Nebensatz mit „when" wählen.

c Du kannst hier sowohl mit einer allgemeinen Definition arbeiten als auch ein Beispiel anführen.

a Obesity is the state of being extremely fat or overweight.

b If a problem is solvable, it means that it can be cracked.
or: A problem is solvable when it can be cracked.

c If you reduce something, you make it smaller or less of it.
or: To reduce something means to diminish it in size, amount or number.
or: Reducing something means making it smaller or less.
or: Too much sugar is harmful. That is why you should reduce the amount of sugar when baking.

4 Vocabulary – Grammar

TIPP

Deine Aufgabe ist es, die am Rand stehenden Wörter so zu verändern, dass sie in den Text passen. Die möglichen Änderungen sind vielfältig, weshalb ein genaues Lesen erforderlich ist. Verben müssen z. B. in die richtige Zeit gebracht oder ins Passiv gesetzt werden oder du musst aus dem Verb eine andere Wortart bilden. Bei anderen Wörtern muss die richtige Wortart gefunden werden. So musst du ein Nomen z. B. in ein Adjektiv umwandeln oder den Plural bilden. Steht ein Fragezeichen am Rand, so musst du selbst ein passendes Wort finden. Oft handelt es sich dabei um ein Relativpronomen, eine Konjunktion oder eine Präposition. Manchmal werden auch mehrere Alternativen angeboten, von denen du die an dieser Stelle passende auswählen sollst. Auch wenn es mehrere richtige Lösungen geben sollte, notiere nur eine davon.

Hinweise zu den Lösungen

a Die Zeitangabe „in 1993" ist ein Signalwort für das „simple past".

b Auch hier fehlt ein Verb. Durch die Verwendung der Konjunktion „after" ist klar, dass die Handlung im Nebensatz vorzeitig zu der im Hauptsatz ist. Du musst also das „past perfect" benutzen. Beachte, dass es sich bei „(to) spend" um ein unregelmäßiges Verb handelt.

c In diesem Satz fehlt ein Relativpronomen, das sich auf „political leaders" bezieht. Da es sich um Personen handelt, ist „who" das passende Relativpronomen. Alternativ ist auch „that" möglich.

d In diesen Satz gehört ein Nomen, denn hier handelt es sich um einen Genitiv mit „of".

e Da das „simple present“ im „if-Satz“ verwendet wird, weißt du, dass es sich um den „type 1“ der „conditional sentences“ handelt. Folglich brauchst du hier das „will-future“.

f Da die Lücke direkt vor einem Nomen ist und dieses näher beschreibt, muss ein Adjektiv eingesetzt werden.

g Auch hier fehlt ein Adjektiv. Beachte die richtige Schreibweise.

h Das Signalwort „in 1994“ zeigt dir, dass das Verb im „simple past“ stehen muss. Da Mandela gewählt **wurde**, brauchst du hier eine Passivkonstruktion.

i Da die Lücke direkt auf „after“ folgt und kein Subjekt vorhanden ist, muss ein sogenanntes „gerund after prepositions“, also eine „-ing-form“, folgen.

j In dieser Konstruktion fehlt das „of“ des Genitivs.

k Das Signalwort „since“ zeigt, dass „present perfect“ benutzt werden muss. Auch hier benötigst du die Passivform, da der Nelson Mandela International Day seit 2009 gefeiert **wird**.

l Die Verwendung des unbestimmten Artikels „a“ vor der Lücke zeigt dir, dass ein Nomen fehlt. Der Ausdruck „(to) make a difference“ bedeutet „einen Unterschied machen“ oder „etwas verändern“.

a received	**b** had spent	**c** who/that
d peace	**e** will learn	**f** political
g beautiful	**h** was elected	**i** winning
j of	**k** has been celebrated	**l** difference

5 Ask questions. (3)

TIPP

Du sollst John, der gerade aus Südafrika zurückgekommen ist, drei Fragen zu seiner Rundreise durch das Land stellen. Wenn sich deine Fragen nicht auf diese Reise beziehen, gibt es keine Punkte. Denke daran, Fragen zu formulieren, die sich sprachlich und inhaltlich unterscheiden.

Die folgenden Fragen sind Lösungsvorschläge.

- Why did you choose South Africa for your trip?
- Was it the first time you travelled to South Africa?
- How did you get around South Africa?
- What impressed you most?
- Where did you sleep?
- Did you visit Johannesburg and Cape Town?
- Did you learn a lot about Nelson Mandela?

- Did you visit Robben Island?
  or: How did you feel when you visited Robben Island?
- Did you go on safari in Kruger National Park?
  or: Which animals did you see when you went on safari?
- Is it possible to walk around in the evening or is this too dangerous?
- Can you tell me three highlights of your trip?
- Would you like to return to South Africa?

6 Paraphrasing

TIPP

Bei dieser Aufgabe geht es darum, dass der Inhalt mehrerer vorgegebener Sätze in anderen Worten wiedergegeben wird, ohne dass sich der jeweilige Sinn maßgeblich ändert. Du solltest das Beispiel genau durchlesen, damit du weißt, was von dir erwartet wird. Beachte, dass du nur zwischen zwei und fünf Wörter – inklusive des vorgegebenen Begriffs in Klammern – schreiben darfst. Das Wort in Klammern muss verwendet werden.

Hinweise zu den Lösungen

a Lerne den Ausdruck „(to) look forward to doing sth" auswendig.

b Um den Satz inhaltlich und sprachlich korrekt zu formulieren, musst du „for people" unbedingt mit einbauen, denn sonst fehlt das Bezugswort für das Personalpronomen „them".

c Damit dein Satz dieselbe Bedeutung wie der Ausgangssatz hat, musst du hier den Superlativ verwenden. Beachte die richtige Schreibweise von „sad" in der Steigerungsform. Außerdem ist es wichtig, dass du „ever" an die richtige Stelle im Satz stellst, nämlich direkt vor das Hauptverb. Da du maximal fünf Wörter schreiben darfst, musst du das Relativpronomen „which" bzw. „that" weglassen. Gäbe es diese Beschränkung nicht, könnte dein Satz auch lauten: "It's the saddest story which/that I've ever heard."

d Hier ist das Nomen „pastime" vorgegeben. Es bedeutet „Zeitvertreib". Beachte, dass du die 1. Person Singular übernehmen musst und somit den Possessivbegleiter „my" brauchst.

a … looking forward to celebrating my …

b … important for people to …

c … saddest story I've ever …
or: … saddest story I have ever …

d … is my favourite pastime.

D WRITING

1 Write a comment.

TIPP

Wenn du das Thema verfehlst, erhältst du weder Inhalts- noch Sprachpunkte. Deshalb ist es von zentraler Bedeutung, dass du die Aufgabenstellungen verstehst und dich an die Vorgaben hältst. Hier sollst du **ein** Thema auswählen.

A *Beispiellösung*

Students often complain about their homework load and some even go as far as wanting homework to be abolished completely.

On the one hand, having to do so much homework that there is not enough time to do anything else apart from studying is counterproductive. Researchers found out that if the brain never relaxes, students' performance, mood and health suffer.

On the other hand, homework fulfils important functions. It allows students to practice what they have learned at school, it teaches them to work independently and to take responsibility for their own work, for example.

In my opinion, homework should not be abolished, but teachers should coordinate their students' workload so that they can have downtime too. *(117 words)*

B *Beispiellösung*

Social media are a central part of teenagers' lives, but is it true that they destroy communication?

On the one hand, there is no real communication in the way many people use social media. Posting pictures of everything they do, commenting on the pictures of their "friends" or liking photos is a long way from real communication.

On the other hand, many people use messenger apps to stay in contact. Other people write blogs or join discussion forums. These are examples of written communication. Besides, interesting photos or funny videos are often talked about.

That is why I do not agree that social media destroy communication. It is true, however, that they change the way we communicate with each other.

(120 words)

C *Beispiellösung*

Since digitalization is moving forward in our lives, we should seriously consider schools switching to e-books.

On the one hand there are many advantages of doing so. Textbooks are expensive, and they can only be used for a relatively short time span. They are a huge

waste of paper and they are heavy to carry around all the time, which is bad for the students' back. One e-reader or tablet can replace all the textbooks.
On the other hand, using e-books can cause eyestrain, headaches and blurred vision and some students learn best from paper-presented information.
In my opinion schools shouldn't get rid of the textbooks but rather provide both and let the students decide what they want to use. *(120 words)*

2 Choose task A <u>or</u> task B.

TIPP

Achte darauf, dich bei der Textlänge in etwa an die Vorgabe zu halten, weil zu viel oder zu wenig Text zu nicht unerheblichen Punktabzügen führt. Das bedeutet, dass du zwischen 140 und 200 Wörter schreiben darfst.

Hinweise zu task A

Hier sollst du eine Geschichte schreiben, bei der nur der letzte Satz vorgegeben ist. Wähle also eines der Enden aus und mache dir vorab Gedanken, was alles in deiner Geschichte vorkommen soll. Notiere dir eine Gliederung mit Stichpunkten, bevor du mit dem Ausformulieren deiner Geschichte beginnst. Du sollst rund 160 Wörter schreiben, wobei der letzte Satz nicht zu der geforderten Wortzahl gehört.

Ending ❶
Überlege zuerst, wie es dazu gekommen sein kann, dass deine Nachbarin oder dein Nachbar dir einen Kuchen gemacht hat. Hast du ihr/ihm einen Gefallen getan, hast du etwas Wichtiges gefunden, was sie oder er verloren hatte, oder hattest du einfach nur Geburtstag? Deiner Fantasie sind keine Grenzen gesetzt.

Ending ❷
Warum könntest du plötzlich auf YouTube sein? Überlege dir vorab eine plausible Erklärung und mache dir Stichpunkte. Die Palette möglicher Gründe reicht von einer Heldentat über einen tollen Auftritt bis zu einem peinlichen Erlebnis. Lass deine Fantasie spielen.

Hinweise zu task B

Bei deiner Beschwerde handelt es sich um einen formellen Brief, den du an das Hotel in Sydney richtest. Achte also auf die formalen Aspekte wie die Anrede- und Schlussformel, die du bei einem solchen Brief einhalten musst. Da der Urlaub bereits vorbei ist, verwendest du die Zeiten der Vergangenheit, wenn du beschreibst, was während des Hotelaufenthalts alles schiefgegangen ist.

A *Beispiellösung*

Ending ❶

One night, our neighbours rang our bell in the middle of the night. My parents were gone for the weekend and my neighbours were really agitated. They told me that they had to go to the hospital because they were about to have their second child. However, their little boy was sleeping in his bedroom and they couldn't leave him alone. They didn't know what to do because my parents weren't at home and little children weren't allowed in hospital while you give birth. The woman started to cry, and she was in pain so I told them that I would take care of their little son. They were very relieved and hurried to show me Tom's bedroom. I settled down in their living room. I tried to stay awake in case Tom woke up, but I must have fallen asleep because both Tom and I woke up in the morning when the telephone rang, and his parents told us about his new-born sister. Tom was super excited and hugged me happily. I stayed with him until his father came home … *(182 words)*

Ending ❷

I'm Mia, I'm from Mannheim and I'm an ordinary 16-year-old girl who likes to do ordinary things like hanging out with my friends, playing sports and going out, but I became famous overnight, because of something I did – but honestly, everyone would have reacted the same way.

Last Saturday, I went to the park with my best friend Jenny. At the lake, there is a huge meadow, where we sat down and watched two cute little girls playing with a big black dog. They were having a lot of fun when suddenly a cat ran towards the water. The dog saw it and sprinted after the cat. Unfortunately, the girl holding the leash didn't let go fast enough and ended up in the lake. I didn't know if she could swim, but I knew that the water gets deep right away, so I didn't think twice: I raced towards her and jumped into the water to help her.

Someone must have filmed the scene because a few minutes later a clip of me rescuing the girl appeared on the internet … *(181 words)*

B *Beispiellösung*

(Date)

Dear Sir or Madam,

We spent a week at your hotel from 1st to 8th August and I am afraid we have to complain about quite a few things.

First of all, we had booked a quiet room with a beautiful view of Sydney Harbour Bridge. However, we could only see another building from our window, and the room was very noisy because it was directly one floor above the bar. We could not sleep until 1 a.m., because the music was very loud and drunk guests were always shouting.

Moreover, the room had not been cleaned properly before our arrival. There was hair in the washbasin and in the bathtub and the bed had not been made. Furthermore, the TV and Wi-Fi did not work. We told reception and asked for another room repeatedly but were told that this was not possible because the hotel was fully booked. They did not even send anyone to repair the television. We hope you can understand why we did not enjoy our stay at your hotel and we kindly ask for a refund.

Yours faithfully,
your first and last name *(183 words)*

E INTERPRETING

1 Answer the questions in German.

TIPP

Dir liegt ein englischer Text über Elefantenkälber und den Umgang mit ihnen vor. Zu diesem Text musst du Fragen auf Deutsch beantworten. Du brauchst nicht in ganzen Sätzen zu antworten. Beschränke dich auf die gefragten Aspekte.

Hinweise zu den Lösungen

a Deine Lösung muss enthalten, dass es um ein Handelsverbot mit Elefantenkälbern geht, die nicht mehr an Zoos und Zirkusse weitergegeben werden dürfen (vgl. Z. 1–4).

b Hier musst du die Stimmen für bzw. gegen das Verbot sowie die Enthaltungen nennen (vgl. Z. 5–8). Du kannst jedoch selbst entscheiden, ob du eine Angabe zum Abstimmungsergebnis der USA machen möchtest.

c Hier gibt es einige Gründe im Text, von denen du nur einen nennen sollst (vgl. Z. 9–14).

d Du musst sowohl die Elefantenkinder als auch die Mütter und die Herde erwähnen (vgl. Z. 13/14).

e Hier musst du darauf achten, dass du zwei Angaben machst. Die gesuchten Informationen stehen in den Zeilen 16 bis 18.

a ein Verbot, Babyelefanten ihrem natürlichen Lebensraum zu entreißen und an Zoos und Zirkusse weiterzugeben
oder: ein Handelsverbot von wild lebenden Elefantenkälbern und ein Verbot von deren Vermittlung an Zoos und Zirkusse

b 46 Länder stimmten für das Verbot, 18 Länder stimmten dagegen und 19 enthielten sich
oder: 46 Stimmen dafür, 18 Stimmen dagegen, 19 Enthaltungen

c Trennung von Babyelefanten und ihren Familien ist grausam und traumatisch
oder: inakzeptable Lebensbedingungen für Elefanten in Gefangenschaft
oder: schlechte Lebensbedingungen für Elefanten in Zoos und Zirkussen oder anderen Bereichen der Unterhaltungsbranche

d nicht nur die Babyelefanten selbst, sondern auch deren Mütter und die ganze Herde
oder: Elefantenkälber, deren Mütter und die gesamte Herde

e *Mögliche Antworten (zwei Aspekte müssen genannt werden):*
- wurden nach China geschickt
- wurden dort misshandelt
- einige Tiere starben

oder: Simbabwe hat seit 2012 mehr als 100 Babyelefanten nach China geschickt, wo sie geschlagen, getreten und grausam behandelt werden. (Einige Elefanten sind sogar gestorben.)
oder: Seit 2012 wurden mehr als 100 Jungtiere von Simbabwe an China gegeben, wo sie von ihren Pflegerinnen und Pflegern misshandelt werden. (Die Elefanten sind traumatisiert und etliche Tiere sind sogar gestorben.)
oder: Zwischen 2012 und 2019 erhielt China über 100 Elefantenkinder./ Der brutale Umgang führt zur Traumatisierung der Tiere./Folge: etliche Todesfälle unter den Tieren

2 School rules

TIPP

Bei dieser Aufgabe musst du Schulregeln auf Englisch wiedergeben. Pro Regel kannst du 1,5 Punkte erreichen.

Hinweise zu den Lösungen

a Du kannst entweder in der 3. Person Plural beschreiben, was die „students“ machen müssen, oder aber du verwendest die Imperativform (z. B. „Bring …“).

b Hier sind wiederum alle Informationen zentral und müssen ins Englische übertragen werden. Sprachlich gibt es jedoch zahlreiche Möglichkeiten, wie der Inhalt formuliert werden kann.

c Freundlichkeit, Höflichkeit und Hilfsbereitschaft sind hier die zentralen Inhalte. Wie du an den Lösungsmöglichkeiten sehen kannst, werden im Deutschen Nomen häufiger verwendet als im Englischen. Du kannst also Inhalte in einer solchen Aufgabe einfach umschreiben, wenn du ein bestimmtes Wort auf Englisch nicht kennst.

d In dieser Regel geht es um Gewalt und darum, wie sie vermieden werden kann. Für die englische Formulierung brauchst du das Nomen „violence“.

e Denk daran, dass Mobbing auf Englisch „bullying" heißt.

f In deinen gesamten Lösungen solltest du durchgängig britisches oder amerikanisches Englisch verwenden. Falls du in deiner Antwort das englische Wort für „Verhalten" verwendest, denk daran, dass man es im britischen Englisch „behaviour", im amerikanischen Englisch „behavior" schreibt.

a Students have to bring all the materials they need for class and they must arrive on time.
or: Bring all the materials needed for class and be punctual.
or: bring your books and everything you need in class/be on time

b Your electronic devices need to be turned off at school and you have to make sure that they are stored safely.
or: All electronic gadgets must be switched off inside the school building. Every student is responsible for storing his or her things safely.
or: Switch off your smartphones or other electronic devices when at school. Keep them in a safe place (during school hours).

c We are friendly and treat each other politely. We also help each other.
or: Be friendly and polite and offer your help when someone needs it.
or: Always be friendly and polite. Be ready to help someone in need.

d Violence in any shape or form is prohibited. We treat each other in a fair and respectful way.
or: There is no room for violence at our school, so treat everyone decently and respectfully.
or: Violence is unacceptable. It is important to treat others with fairness and respect.

e We want everyone to feel at home. That is why we try to understand each other, accept cultural differences and respect the opinions of others. We do not tolerate bullying.
or: In order to create a good atmosphere at school, we show sympathy for each other, embrace cultural differences and respect opinions that differ from our own. Bullying is strictly prohibited.
or: make everyone feel welcome/show sympathy/accept cultural differences/respect differing opinions/no bullying

f It is important to behave responsibly all the time, not only at school or during school hours. Responsible behaviour includes suitable language.
or: Act responsibly outside school as well. Make sure that your word choice is appropriate too.

Bildnachweis: *S. 4: © Gajus. Shutterstock; S. 11: © Claudia Paulussen. Shutterstock*

Abschlussprüfung an Realschulen in Baden-Württemberg
Übungsaufgabe 2

A LISTENING COMPREHENSION 20

1 The International Children's Peace Prize (5)

You will hear a radio report about the International Children's Peace Prize. You will hear the report twice. Take notes while you fill in the table.

a one thing Greta Thunberg and Malala Yousafzai have in common	
b year in which the first child got the prize	
c age of candidates	
d two steps in the process of winning the prize	
e one thing the prize money is spent on	

2 Volunteer work (5)

You will hear a radio show about young people and volunteer work. What do Ethan, Jacob and Layla think about working on projects in their free time without being paid?

You will hear the text twice. Write the correct name (Ethan, Jacob or Layla) next to the statement, but be careful, one statement does not fit. Mark this statement with a cross (✗).

a ______

Volunteer work should be something I like and I'm good at.

b Learning to cope with unpleasant things is what makes the job worth doing.

c The perfect way to forget about problems at school.

d I help other people and I do something for the environment.

e Loving this kind of work runs in the family.

3 Community Fridges (4)

You will hear a report about community fridges. You will hear the text twice. Tick (✓) the right sentence ending to finish the following sentences.

a Charity fridges …

A ☐ were first installed in Germany.

B ☐ can be found in Britain and Germany.

C ☐ will soon appear in Derbyshire.

b The concept is based on …

A ☐ people who only take as much as they give.

B ☐ a system where volunteers and employees work together well.

C ☐ many people working together for a good cause.

c The community fridge is a place where you …

A ☐ can also find a collection of the community's best recipes.

B ☐ can share more than just food.

C ☐ should be careful about health risks.

d One refrigerator …

A ☐ helps to save 200 tonnes of food per year.

B ☐ reduces the amount of food wasted by one tonne per month.

C ☐ attracts about 200 people per week.

4 Unusual holidays (6)

You will hear a radio show about unusual holidays. Listen to the text twice and fill in the cluster. Add the missing facts. There are two examples already given.

unusual holidays

Bonza Bottler Day
(Australia)

a invented by Elaine Freemont in 1985 ______

______

b ______

______

______

Straw Bear Day
(England)

c big festival in Whittlesea in the middle of January which goes back to the year 1882

d ______

______

______

Up Helly Aa
(Scotland)

e ______

______

______

f ______

______

______

Groundhog[1] Day
(USA, Canada)

g ______

______

______

h ______

______

______

1 groundhog – *Murmeltier*

Text Nonprofit Groups Try to Bring Education to Conflict Areas

An American nonprofit group called Justice Rising is working to educate young people in areas where conflicts are taking place. The United Nations Children's Fund or UNICEF says the California-based group is one of many organizations trying to meet a need that usually is unmet in conflict zones.

The eastern Democratic Republic of Congo is one such area. Justice Rising built its first school in eastern Congo in 2015. Since then, it has built nine other schools. They employ more than 100 teachers and other staff and serve about 2,000 students. Fighting was a major problem in eastern Congo from 1996 through 2003. Today, clashes[1] and killings are continuing in the area.

Cassandra Lee is the founder of Justice Rising. She told VOA that setting up schools in a community affected[2] by war can make a big difference in the lives of young people. "You can see a decrease of child soldiers," Lee noted. She added, "You can see young girls less likely to be taken as a child bride and in turn become child mothers. You can see community health increase."

UNICEF officials say 27 million children are out of school in conflict zones such as Syria, South Sudan, Iraq and Yemen, or in areas divided by religion and natural resources. Linda Jones, an education expert with UNICEF, says that when children miss school because of conflict, it also affects their social development. She added that this can have an effect on the society, and that getting children into schools contributes to a nation's stability.

Cassandra Lee feels that having more than one school in a community can help people "come out of war and into a culture of peace." Lee's interest in education started when, at the age of 10, she began to read a lot about how war affects the lives of children. Some years later, just after finishing school, she moved to South Sudan and Uganda and traveled to eastern Congo. There, she heard many personal stories from people affected by war.

Lee met her husband, Edison, in Africa, where he advised businesses. Together, they are trying to increase the influence of the aid group. Their aim is to open 40 schools in war zones in the next years. They are also creating partnerships with groups in the Middle East. "In Syria and Iraq," said Edison Lee, "we're really trying to empower[3] local organizations that are already doing great work, supporting them financially or sponsoring their programs."

Less than 4 percent of humanitarian appeals[4] worldwide is directed at financing for education, says Linda Jones of UNICEF. The UN agency launched an appeal this year for $900 million to aid education in countries affected by conflict and natural disasters. UNICEF says it will spend one billion dollars a year over the next four years on education.

Jones says the programs need to be flexible. One example is a program in Afghanistan where community schools reach out to the village where the children are. "There are also programs with learning through radios," she added, and using games on computers to improve skills in mathematics.

Jones has also worked in Somalia, where some education solutions did not require modern technology. "Children had libraries brought to them on the backs of camels," she said, and, "the librarian walked with the camel from place to place. Children had opportunities to learn to read different books."

Both large and small organizations have the same difficulty of changing their operations to meet the need, which UNICEF says is growing. The question, says Cassandra Lee of her organization's schools in Congo, is not how you can help a few hundred lives every year, but a few thousand. *(623 words)*

Adapted from: Michael O'Sullivan, Phil Dierking, Voice of America Learning English, April 25, 2016

1 clash – *Kampfhandlung*
2 affected – *betroffen*
3 to empower – *befähigen, ermächtigen*
4 humanitarian appeal – *Aufruf zu humanitärer Hilfe, Spendenaufruf*

1 Match the headings with the parts of the text. (5)

There are two more headings than you need.
Example: 8 – f

1 Providing the right services
2 Using technology to help
3 New requirements
4 Fighting child labour with schools
5 An early call and a common goal
6 A need that mustn't be overlooked
7 Changing lives with schools

a lines 1–9
b lines 10–20
c lines 21–32
d lines 33–45
e lines 46–49

2 Decide whether the following statements are true, false or not in the text. (3)

Example: g – false

a Cassandra Lee used to work as a teacher herself.

b Education can help to reduce child abuse and improve health.

c Cassandra Lee was still a young child when she first travelled to a war zone.

d Not many people wanted to talk about how it felt to live in a conflict zone.

e UNICEF wants to invest four billion dollars in education in the next few years.

f Children in Somalia can borrow a certain number of books per month from the "camel library".

3 Finish the sentences using the information from the text. (6)

Example: g – B

a Justice Rising …

A is the first nonprofit organisation to focus on education.

B has its main office in California.

C offers children an opportunity to get away from war zones.

D helps to bring back normality after the fighting has stopped.

b The nonprofit organisation …

A employs about two thousand people.

B has sent more than one hundred teachers to conflict areas.

C has opened at least one school per year.

D provides education for roughly 2,000 young people.

c According to Lee, schools in war zones are important because …

A they can improve a nation's stability.

B fighting will usually not take place near a school.

C education can help to bring peace to these areas.

D schools are necessary for children's social development.

d Cassandra Lee and her husband …

A met during one of Lee's first trips to Africa.

B want their organisation to grow to make more profit.

C are looking for partners to be able to help more children in the future.

D want to double the number of schools they own.

e In Linda Jones' opinion, …

A a concept that is good for one country might not be right for another.

B help programs should focus on technology in the future.

C the best way to teach Maths is by using computer games.

D the Somalian library system should also be brought to Afghanistan.

f UNICEF and Justice Rising …

A have hardly anything in common.

B will save millions of lives together.

C will probably not be necessary anymore.

D have similar problems to solve.

4 Find <u>three</u> aims Justice Rising has for the future. (3)

Find information from the text. Take notes.

5 Answer the questions in complete sentences. (8)

Use information from the text.

a In what way do schools have an effect on society as a whole?

b What first gave Cassandra Lee the idea to help children in Africa?

c What is the role of education if you look at humanitarian appeals worldwide?

d How did the "camel library" work?

1 Find words or expressions in the text (part B) which mean more or less the same. (3)

a important (lines 1–9)
b goal (lines 27–32)
c (to) need (lines 42–45)

2 Find the opposites. (3)

a continuing (line 9)
b later (line 24)
c together (line 27)

3 Choose <u>two</u> of the following words and give a definition. (4)

a nonprofit (line 1)
b war (line 11)
c (to) finance (line 33)

4 Vocabulary – Grammar (6)

Complete the text by using suitable forms of the words. Find words of your own to replace the question marks.

The United Nations Children's Fund

UNICEF, ________ is short for "The United Nations	**a** ?
Children's Fund", ________ in 1946. It was	**b** to found
established after World War II to fight ________ and	**c** hungry
give health care to children and their mothers in	
countries which were hit hard by the war.	
Today the aims are still very similar: UNICEF helps	
children in many different ways. It fights for ________	**d** there/their/they're

rights and provides help in times of crisis, for example after ________ disasters or during war. | **e** nature

________ hunger and disease is just ________ important as making sure every child can grow up in a safe environment and get an education – no matter what gender or race they belong to. | **f** to fight **g** ?

A lot of money is needed to work for these aims and ______ of it comes from governments around the world, but UNICEF is also financed by donations | **h** many/more/most

from ________. | **i** individual

The organisation, which is based in New York City, is active in 190 countries, especially in ________ countries, but also in the USA and Europe. Take a look at the organisation's website and you will | **j** to develop

________ discover the huge variety of campaigns and projects it runs: tips for parents on how to talk to their | **k** quick

children ________ bullying, statistics about child marriage and reports from different conflict areas are just a few examples. | **l** about/at/of

5 Ask questions. (3)

You are talking to Madison, who has just attended a Fridays for Future[1] event. Ask her three questions about the demonstration.
Use different question forms or different tenses.

1 Fridays for Future – youth movement which protests against governments (and adults in general) who are not doing enough to fight climate change

6 Paraphrasing (4)

Complete the second sentence so that it means the same as the first sentence. Use between two and five words including the word in brackets.

Example:
Ten years ago, an American woman founded the charity "Doctors for children".
(was) The charity DfC … an American woman ten years ago.
→ … was founded by …

a On seeing the sick and hungry children, she decided she had to do something.
(when) She decided that something had to be done … the sick and hungry children.

b This baby needs an operation immediately or it will die.
(If) … an operation immediately, it will die.

c The doctor knew what to do and managed to save the baby.
(succeed) Knowing what to do, … the baby.

d The girl, who had broken her arm, was so glad when the doctor arrived.
(with) The girl … was so glad when the doctor arrived.

D WRITING 27

1 Write a comment. (9)

Choose **one** of the following statements. Discuss the pros and cons and give your own opinion. Write about 100 words.

A You should be allowed to vote at the age of 16.

B Every citizen must do two weeks of charitable work per year.

C Robots can do the job of a teacher.

2 Choose task A <u>or</u> task B. (18)

You only have to do **one** of the following tasks.

A Write an application.

Write a message to the host family in the profile below to apply for the position of an au pair in their family.

Talk about yourself, your experiences with children and ask one or two questions.

Write about 160 words.

Host family in the UK

children:	2
city:	Bath, England
job start:	1 September
time of stay:	> six months
pay:	GBP 400 per month

Dear au pair,

Thanks for reading our profile! We are a family of three: Sam (32) works as an architect and needs help caring for his twin girls (4) Emma and Sophia. The girls are the best, (almost) always happy, very curious and full of energy. We are looking for someone who likes to come up with creative games, teaches the girls a few words of his or her native language and opens their eyes to a different culture. Would you like to be part of our family? We'd love to show you our beautiful home town and our favourite places.

- Location: Our spacious flat is near the centre and has a big bedroom for you. Only 10 minutes' walk to a top English language school (we'll cover the fees).
- Tasks: Take the girls to nursery school and pick them up, prepare snacks for them on weekdays. We have a cleaning lady who also does our laundry (that means yours as well).

Interested? We'd love to get to know you and answer all your questions.

Back | **Contact family**

B Write a story about **one** of the following pictures. Write about 160 words.

Picture ❶

Picture ❷

E INTERPRETING 15

1 Answer the questions in German. (6)

Read the text about fake news and answer the questions in German.
You do not have to write in complete sentences.

a Was versteht man unter Fake News? (1)

b Worin besteht nach Meinung eines Großteils der amerikanischen Bevölkerung die Aufgabe von Journalistinnen und Journalisten? (1)

c Was ist ausschlaggebend dafür, wem Amerikaner*innen die Schuld für die Verbreitung von Fake News geben? (1)

d Was war das Ziel der Verbreitung von Fake News durch russische Akteure? (1)

e Wer wird für Fake News verantwortlich gemacht? (2 Angaben) (2)

Text **Fake news**

In the United States, half of all adults consider 'fake news' a major problem, a new study finds. And these Americans mostly blame politicians and activists for the problem.

Researchers questioned over 6,000 Americans about their ideas on fake news stories – those reports and videos created to trick or misinform people. The Pew Research Center released their findings earlier this month. The study showed that a majority of U.S. adults believe reporters have the responsibility for fixing fake news and reporting the facts. Differences in political beliefs are a major influence in how adults think about fake news, the report noted. People who identified themselves as Republican Party members were more likely than Democratic Party members to blame reporters for the problem.

In recent years, Russian agents and others have used fake news campaigns to harm and weaken democratic systems in the United States and Europe. This has led politicians, civil-rights activists and technology companies to ask the question of how to deal with made-up or misleading stories.

The Pew Research Center said that 68 percent of U.S. adults believe fake news affects belief in government institutions. Misinformation was listed more often as a major problem than sexism, racism, illegal immigration or terrorism.

As for who is to blame for false or misleading stories, those questioned were able to name more than one group as responsible. Fifty-seven percent blamed U.S. political leaders and the people who work for them. Fifty-three percent said activist groups were responsible. Reporters and foreign actors such as Russia each got the blame from more than a third of those questioned.

Adapted from: Dorothy Gundy, Pete Musto, Voice of America Learning English, June 10, 2019

2 Au pair (9)

You have an offer from a British family from Bath to work as an au pair with their two 4-year-old children. Your friend, who has already worked as an au pair in the same town, has given you some advice. Now you get in touch with the family to get some more information.

a Die Sprachschule *Bath Language School* ist hervorragend. Dort war ich auch. Die Kurse sind speziell für Au-pairs und finden zweimal pro Woche am Vormittag, also während der Kindergartenzeiten, statt. Frag doch, ob es möglich ist, dass du in diese Sprachschule gehen kannst. (2)

b Du bist ja wirklich gut mit Kindern, aber beim Kochen hast du doch noch gar keine Erfahrung. Das solltest du der Familie unbedingt ehrlich sagen. Du lernst schnell und bestimmt kannst du noch etwas üben, bevor du nach England gehst. Sag der Familie lieber vorher, dass Kochen nicht deine Stärke ist. (2)

c Denk daran, die Familie über deine Nussallergie zu informieren. Schließlich brauchst du im Notfall ganz schnell einen Arzt. (1,5)

d Ich würde dich in der Zeit total gerne besuchen und bestimmt möchten deine Eltern auch einmal zu Besuch kommen. Frag besser nach, ob das in Ordnung ist. (1,5)

e Bitte den Vater, dir möglichst viel über seine Kinder zu erzählen. Was machen sie gerne und was nicht so gerne? Dann könntest du dich besser vorbereiten und evtl. auch Spiele aus Deutschland mitbringen. Es hieß ja, dass du ihnen auch etwas Deutsch beibringen sollst. (2)

A LISTENING COMPREHENSION

1 The International Children's Peace Prize

Listening text

Do you know what Greta Thunberg from Sweden and Malala Yousafzai, who was born in Pakistan, have in common? Both girls are great examples of children being able to stand up and fight for their rights. Greta Thunberg first became famous for going on a school strike as a sign of protest that not enough was being done to fight climate change. Malala, who fights for girls' right to education, was even attacked and badly wounded because of her aims. These two activists have something else in common: both have been awarded the International Children's Peace Prize.

Since 2005 this prize has been given once a year to a boy or girl who shows enormous courage in fighting for children's rights. To get the award, a child, who must be between 12 and 17, has to be nominated by someone else. Anyone can make a nomination by sending an e-mail to nominations@childrenspeaceprize.org. Then an expert committee chooses several nominated candidates and takes a closer look at their projects. After a long process one of these children gets the prize. What does that mean exactly? Well, first, the award-winner gets money for his or her own education. And apart from that, KidsRights, the organisation behind the prize, invests € 100,000 in projects that are closely connected to the winner's area of work. The prize also helps the young activists get worldwide attention for their aims. Last but not least, each winner gets Nkosi – a small statue whose name goes back to its very first winner: Nkosi Johnson from South Africa.

TIPP

Im Text wird eine Auszeichnung für Kinder und Jugendliche vorgestellt, die sich für Kinderrechte einsetzen.

Hinweise zu den Lösungen

a Du kannst entweder die Gemeinsamkeit nennen, dass beide den fraglichen Preis schon bekommen haben (vgl. Z. 6–8), oder das allgemeinere gemeinsame Ziel, dass sie sich für Kinderrechte einsetzen (vgl. Z. 2/3).

b Hier musst du eine Jahreszahl heraushören, und zwar das Jahr, in dem der Preis zum ersten Mal vergeben wurde: "Since 2005 this prize has been given […]" (Z. 9)

c Auch hier geht es darum, Zahlen im Text richtig zu verstehen. Die Altersgrenzen für mögliche Gewinner*innen werden in Zeile 11 genannt.

d Der Prozess beginnt mit der Nominierung von Personen, aus denen dann eine Expertengruppe Kandidatinnen und Kandidaten auswählt, von denen schließlich eine*r den Preis erhält (vgl. Z. 11–14).

e Hier gibt es zwei Antwortmöglichkeiten: "the award-winner gets money for his or her own education" (Z. 15/16) oder "KidsRights [...] invests € 100,000 in projects that are closely connected to the winner's area of work" (Z. 16–18).

a (they) fight for children's rights
or: (both) got/were awarded the International Children's Peace Prize

b 2005

c between 12 and 17/twelve and seventeen

d – being nominated (by someone else)/nomination (by anyone)
– being chosen by an expert committee
or: expert committee chooses candidate

e the winner's education
or: projects closely connected to the winner's area of work
or: projects with a close connection/relation to the winner's area of work

2 Volunteer work

Listening text

Layla: Welcome to our school radio here at Lincoln High. With me in the studio are Jacob and Ethan. Thanks for coming in!

Jacob: Thanks for having us.

Layla: I'm Layla, and our topic today is volunteer work. Let's start with you, Ethan. Can you tell us a little bit about what you do?

Ethan: Sure. It started when my bicycle was broken and I couldn't repair it myself. I'd seen this kind of shop called "repair café" in our neighborhood. I went there and heard that they repair things for free. Emily, who's almost 70, repaired my bike and at the same time she explained everything she did to me. I ended up spending the rest of the day there, drinking hot chocolate and watching Emily and her colleagues. I only had to pay for the drinks.

Layla: Okay, but so far, I don't see any work on your part.

Ethan: *(laughing)* That's just how I got the idea to start working there as a volunteer. It feels amazing how younger and older people learn from each other and help everyone in the neighborhood. And repairing things instead of buying new stuff is also better for the planet.

Layla: Maybe that's also an idea for me. I'm no good at repairing things but working in a café would be great. I've just been to a barista class, so I could serve the best coffee or whatever your customers like. I'm looking for an opportunity to practice and I'd also like to do some volunteer work. I simply haven't found anything that fits yet. I don't want to spend my free time doing something I find disgusting like collecting garbage. Having fun and doing good at the same time sounds ideal for me. Let's hear your story now, Jacob.

Jacob: I guess you wouldn't like the kind of volunteer work I do. I spend every free minute at the animal shelter. I got the idea from my aunt, who works there, too. She took me with her when I was little and I fell in love with the whole place.

Layla: What does your work look like? And why do you think I wouldn't like it? Caring for cute dogs and cats should be awesome.

Jacob: Well, caring for the animals is just one part of my job. I usually walk the dogs, play with the cats and help feeding them. But then I also have to do the cleaning – not exactly my favorite activity. But when I see the joy in my favorite dogs' eyes when I come to take them for a walk, I forget about the ugly things. I wouldn't wanna miss the work. And there's nothing better than a few hours of hard work at the shelter after a stressful day at school.

Layla: Thanks, Jacob and Ethan! Your stories are very inspiring.

TIPP

Hier hörst du drei Personen in einer Sendung eines Schulradios, die über das Thema Ehrenamt sprechen. Zwei der Jugendlichen berichten über ihre Tätigkeiten und die dritte Person, die gleichzeitig die Moderatorin ist, sucht selbst nach einer ehrenamtlichen Aufgabe.

Hinweise zu den Lösungen

- **a** Bei Layla hörst du das Stichwort „fun" (Z. 22); sie betont, dass sie eine Tätigkeit sucht, die ihr gefällt und zu ihr passt (vgl. Z. 20/21).
- **b** Du könntest denken, dass die Aussage zu Jacob passt, da er über das Putzen sagt: „not exactly my favorite activity" (Z. 31). Dies sowie „ugly things" (Z. 32) scheint zu „unpleasant things" in Aussage b zu passen. Er sagt aber nicht, dass diese unliebsame Tätigkeit für ihn besonders wichtig ist.
- **c** Jacob sagt, dass seine ehrenamtliche Tätigkeit ihm nach einem stressigen Tag in der Schule hilft (vgl. Z. 33/34).
- **d** Nur Ethan betont, dass sein Ehrenamt nicht nur anderen Menschen, sondern auch der Umwelt zugutekommt (vgl. Z. 15/16).
- **e** Der Ausdruck „(to) run in the family" bedeutet, dass etwas in der Familie liegt. Dies passt zu Jacob, der erzählt, dass seine Tante ihn für die Tätigkeit im Tierheim begeistert hat (vgl. Z. 25/26).

a Layla **b** ✗ **c** Jacob
d Ethan **e** Jacob

3 Community Fridges

Listening text

Have you ever thought of opening a community fridge in your neighbourhood? The first one in Britain was installed in 2016 in Derbyshire. Ever since, the movement has been growing, with more and more of these shared fridges appearing all over the country. The concept first appeared in Germany and can now be found in different corners of the world.

The idea behind it is simple: install a refrigerator in a public place. Then everyone in the neighbourhood can put food into it and anyone in need can take something out. This helps to reduce the amount of food that would otherwise be wasted. And what is more, nowadays there are so many people who find it difficult to get by on the little money they have. The community fridges help homeless people, students or other poor people, and they do more than just feed hungry mouths. Community fridges are usually also places for neighbours to meet for a chat, swap recipes or tell each other what has grown well in their gardens.

"Is it difficult to open a community fridge?" I asked the volunteers. They told me that it does involve a certain amount of paperwork. You have to consider health standards, for example. And of course, there are many volunteers needed to look after the fridge, clean it regularly and make sure there is no abuse.

After all, one community fridge has about 200 visitors per month. And can you imagine, that just one of these fridges saves about one tonne of food per month from going to waste?

If you are interested in opening a fridge in your community, go to hubbub.org.uk and save more food!

This is Holly Simons, reporting for Teen News.

TIPP

Dieser Beitrag stellt öffentlich zugängliche Kühlschränke vor, die dazu dienen, bedürftige Menschen mit Essen zu versorgen, das andere Personen aus der Nachbarschaft nicht mehr verwenden.

Hinweise zu den Lösungen

a "The concept first appeared in Germany [...]" (Z. 4)

b Hier musst du das Konzept der „community fridges“ gut verstanden haben, um zu erkennen, dass C zutrifft; es ist ein Projekt, für das sich viele Menschen einsetzen (vgl. z. B. Z. 14–17), die damit Gutes für die Gemeinschaft tun (vgl. z. B. Z. 8–11). Das Ausschlussverfahren hilft bei dieser Aufgabe ebenfalls: Es gibt keine Vorschrift, dass man nur etwas aus dem Kühlschrank nehmen darf, wenn man auch selbst etwas hineinstellt (vgl. A). Über die Zusammenarbeit von Ehrenamtlichen und Angestellten (vgl. B) wird im Text nichts gesagt. → Da A und B nicht zutreffen, muss C richtig sein.

c Sowohl Themen aus A („recipes“, Z. 12) als auch aus C („health standards“, Z. 15/16) kommen im Text vor, die Aussagen treffen so aber nicht zu. Es stimmt dagegen, dass man mehr als nur Essen austauscht: “[The fridges] do more than just feed hungry mouths. Community fridges are usually also places for neighbours to meet for a chat, swap recipes […]” (Z. 11/12)

d Höre hier besonders gut auf alle Zahlen, die in den Zeilen 18 bis 20 vorkommen. Die richtige Lösung steckt in: “one of these fridges saves about one tonne of food per month […]” (Z. 19)

a A **b** C **c** B **d** B

4 Unusual holidays

Listening text

Ben (Presenter 1): And here we are again, welcome to Radio Sunshine’s morning show. Hi, Jackson.

Jackson (Presenter 2): Good morning, Ben! Let’s get into our topic right away: unusual holidays. What have you got for me, Ben?

Ben: The first one happens every month: Bonza Bottler Day is celebrated when the number of the day matches the number of the month, like 1st January, 2nd February, 3rd March and so on. It’s a relatively new tradition in Australia, invented by Elaine Freemont in 1985. By the way, “Bonza” means “great” in Australian English and “bottler” is slang for “something excellent”. This holiday is just the perfect excuse to have at least one party every month. What have you got for me, Jackson?

Jackson: My first holiday takes place on a weekend in the middle of January. It’s only celebrated in a small area in England. Every year the small town of Whittlesea hosts a big Straw Bear Festival.

Ben: A Straw Bear Festival?

Jackson: Exactly. The tradition goes back to 1882 and was rediscovered in the 1980s. It involves men or boys who dress up in lots of straw, so they look like bears made of straw. There are big parades with the straw bears and lots of music and dancing. And on Sunday, there’s the burning of the straw costumes.

Ben: Wow, I'd like to see that one day! The next holiday I'd like to present takes place at the end of January: Up Helly Aa. It's a Viking tradition and it's held in Scotland to celebrate the rebirth of the sun. There's lots going on at Up Helly Aa and it's all about fire: people in costumes carry burning torches in a procession and at the end, they throw those torches into a model of a Viking ship to set it on fire. When's your next special holiday?

Jackson: Just a few days later actually, on 2nd of February. I'm talking about Groundhog Day, which is well-known in Canada and the USA. It's the day that is supposed to tell people if spring is near or if the winter will last a few weeks longer. And here's how they know: if the sun is shining on this day when the groundhog comes out of its home, and if the animal sees its own shadow, that means the winter will last six more weeks. On the other hand, if it's cloudy and the groundhog *cannot* see its shadow, that is taken as a sign that spring will come soon. At least, that's how the story goes.

Ben: And a very nice story it is. Well, what about you out there? Can you share some other stories about unusual holidays with us? Please get in touch!

TIPP

In der Radiosendung sprechen zwei Personen über vier verschiedene ungewöhnliche Feiertage. Du sollst im vorgegebenen Cluster Informationen aus dem Hörtext ergänzen. Es ist nicht notwendig, wirklich alle im Text genannten Aspekte unterzubringen.

Hinweise zu den Lösungen

- **b** Hier kannst du sagen, wann dieser Feiertag jeweils stattfindet (einmal monatlich, und zwar immer, wenn Tag und Monat übereinstimmen, vgl. Z. 5–7). Außerdem ist Bonza Bottler Day ein Anlass für eine Party (vgl. Z. 10).
- **d** Deine Antwort sollte etwas zu den Aktivitäten an diesem Tag enthalten: z. B. den Umzug mit den Strohbären (vgl. Z. 18), „music and dancing“ (Z. 19) oder das Verbrennen der Strohverkleidung am Sonntag (vgl. Z. 19).
- **e/f** Es sind verschiedene Antworten möglich: Termin („at the end of January“, Z. 21) und Anlass („to celebrate the rebirth of the sun“, Z. 22) des Feiertags; die Tatsache, dass es sich um eine Tradition handelt, die auf die Wikinger zurückgeht (vgl. Z. 21); eine kurze Erklärung, was an diesem Feiertag passiert (vgl. Z. 23–25).
- **g/h** Du kannst sagen, wann der Feiertag ist und worum es dabei geht, nämlich um die „Wetterregel“, wann der Frühling wohl kommen wird. Außerdem kannst du erklären, was es angeblich bedeutet, wenn das Murmeltier seinen Schatten sieht bzw. nicht sieht (vgl. Z. 26–33).

Mögliche Lösungen:

b – (excuse to have a) party once a month
– (takes place) on the day on which the number of the day matches the number of the month/always on a day like 1 January, 2 February, 3 March …

d – parades with men/boys dressed up as straw bears
– lots of music and dancing
– burning of the straw costumes on Sunday

e/f – at the end of January
– Viking tradition
– to celebrate the rebirth of the sun
– processions with people in costumes
– people carry torches that are thrown into a model of a Viking ship at the end of the procession → ship set on fire

g/h – takes place on 2 February every year
– tells us if spring is near or not/is supposed to tell people whether spring will come soon
– groundhog comes out of its home
– If the groundhog sees its (own) shadow, winter will continue (for six more weeks). If not, spring is near.

B TEXT-BASED TASKS

1 Match the headings with the parts of the text.

TIPP

Denke bei der Zuordnung daran, dass die Überschrift zum gesamten angegebenen Bereich passen muss. Eine Überschrift bezieht sich nämlich oft auf mehr als einen Absatz. Lass dich also nicht in die Irre führen von Überschriften, die ideal zu einem einzelnen Absatz innerhalb des angegebenen Bereichs passen, nicht aber zum gesamten Abschnitt.

Hinweise zu den Lösungen

1 Diese Aussage fasst unterschiedliche Herangehensweisen zusammen, wie Bildung in Krisengebieten verbessert werden kann: durch finanzielle Unterstützung (vgl. Z. 33–37), durch moderne Technologie (vgl. Z. 38–41) oder durch andere kreative Konzepte wie den Einsatz von Kamelen für eine mobile Bibliothek (vgl. Z. 42–45). Alle Maßnahmen haben gemeinsam, dass je nach Situation „the right services“ angeboten werden.

2 Vorsicht Falle: Du könntest denken, dass diese Aussage Abschnitt d zugeordnet werden kann, sie würde aber nur zu den Zeilen 38 bis 41 passen, nicht zum kompletten Abschnitt. In den Zeilen 42 bis 45 geht es sogar um ein Verfahren, das eben *nicht* auf den Einsatz von Technologie angewiesen ist.

3 Im letzten Abschnitt wird beschrieben, wie sich Hilfsorganisationen der veränderten Situation anpassen müssen. Es gelten also „New requirements", auf die sie sich einstellen müssen.

4 Auch wenn diese Überschrift im Rahmen des Themas sehr sinnvoll klingt, passt sie zu keinem Textabschnitt. Das Thema Kinderarbeit spielt in diesem Text keine Rolle.

5 Diese Aussage ist zweigeteilt. „An early call" fasst Cassandra Lees Kindheit zusammen und spielt darauf an, dass sie sich schon als Zehnjährige für die Situation von Kindern in Kriegsgebieten interessierte (vgl. Z. 22–24). „A common goal" bezieht sich darauf, dass Lee ihre Vision mit ihrem Ehemann teilt (vgl. Z. 27–32).

6 Diese Überschrift passt zum Anfang des Textes, der zum Thema „Bildung für Kinder in Kriegsgebieten" hinführt. Und dabei handelt es sich um „a need that usually is unmet in conflict zones" (Z. 4) – ganz ähnlich wird dies auch in Überschrift 6 ausgedrückt.

7 Folgende Textstelle, die die Aussage des gesamten Abschnitts widerspiegelt, entspricht genau dieser Überschrift: "setting up schools in a community affected by war can make a big difference in the lives of young people." (Z. 10–12)

1 d **3** e **5** c **6** a **7** b

2 Decide whether the following statements are true, false or not in the text.

TIPP

Folgende Textstellen liefern die Belege, dass die jeweilige Aussage wahr bzw. falsch ist. Findest du keinen Beleg im Text, so musst du höchstwahrscheinlich „not in the text" angeben.

Hinweise zu den Lösungen

a An keiner Stelle des Textes ist davon die Rede, dass Cassandra Lee jemals selbst Lehrerin war.

b Textbelege für „reduce child abuse" sind: "You can see a decrease of child soldiers [...] You can see young girls less likely to be taken as a child bride and in turn become child mothers." (Z. 12–14) Auch „improve health" lässt sich belegen: "You can see community health increase." (Z. 14)

c Lee war noch ein Kind, als das Thema sie erstmals beschäftigte. In Krisengebiete gereist ist sie aber erst nach ihrem Schulabschluss (vgl. Z. 24/25).

d Das Gegenteil ist der Fall: "she heard many personal stories from people affected by war." (Z. 25/26)

e Hier ist eine kleine Rechenaufgabe versteckt, denn „4 Milliarden Euro in den nächsten paar Jahren" entspricht „one billion dollars a year over the next four years" (Z. 36/37).

f Der Text macht keine genaueren Angaben zu den Regeln der „camel library".

a not in the text	**b** true	**c** false
d false	**e** true	**f** not in the text

3 Finish the sentences using the information from the text.

TIPP

Finde das jeweils passende Satzende. Notiere wie im Beispiel nur den Buchstaben A, B, C oder D als Antwort.

Hinweise zu den Lösungen

a „California-based" (Z. 3) bedeutet, dass der Sitz der Organisation in Kalifornien liegt.

b "They […] serve about 2,000 students." (Z. 7/8)

c Ganz entscheidend ist der Zusatz „according to Lee" in der Aufgabenstellung. Nur Aussage C stammt von Lee ("Cassandra Lee feels that having more than one school in a community can help people 'come out of war and into a culture of peace.'", Z. 21/22). Aussagen A und D treffen zwar laut Text auch zu, diese wurden aber nicht von Cassandra Lee, sondern von Linda Jones geäußert (vgl. Z. 17–20).

d "They are also creating partnerships with groups in the Middle East. […] 'we're really trying to empower local organizations that are already doing great work' […]" (Z. 29–31)

e "Jones says the programs need to be flexible." (Z. 38) Hilfsprogramme müssen also jeweils auf die Situation eines Landes zugeschnitten sein.

f "Both large and small organizations have the same difficulty of changing their operations to meet the need […]" (Z. 46/47) UNICEF und Justice Rising stehen also vor ähnlichen Herausforderungen für die Zukunft.

a B	**b** D	**c** C
d C	**e** A	**f** D

4 Find <u>three</u> aims Justice Rising has for the future.

TIPP

Im Text werden zum einen relativ konkrete Ziele für die Zukunft genannt:

- "Their aim is to open 40 schools in war zones in the next years." (Z. 28/29)
- "They are also creating partnerships with groups in the Middle East." (Z. 29/30); "'we're really trying to empower local organizations that are already doing great work, supporting them financially or sponsoring their programs.'" (Z. 30–32)
- "The question [...] is not how you can help a few hundred lives every year, but a few thousand." (Z. 47–49)

In deiner Antwort kannst du aber auch Ziele nennen, die Justice Rising schon seit der Gründung verfolgt und die auch weiterhin relevant sein werden:

- "Justice Rising is working to educate young people in areas where conflicts are taking place." (Z. 1/2)
- "help people 'come out of war and into a culture of peace.'" (Z. 21/22)

Der Textabschnitt von Zeile 10 bis Zeile 14 nennt ebenfalls Ziele der Organisation. Du kannst die Beispiele zusammenfassen als „improve the lives of children in war zones (through education)".

Die Antworten sind Lösungsvorschläge.

- build/open 40 schools in conflict areas in the next (couple of) years
- help local organisations (in the Middle East) that are already doing a good/great job
  or: work together with local organisations (in Syria and Iraq)
  or: support local organisations financially
  or: sponsor programs/programmes of local organisations
  or: create partnerships with groups in the Middle East and support them with money
- help to bring peace to areas of conflict / use education to stop war
  or: save as many lives as possible
  or: improve the lives of children who live in war zones (through education)

5 Answer the questions in complete sentences.

TIPP

Hinweise zu den Lösungen

- **a** Die relevanten Informationen findest du in den Zeilen 17 bis 20.
- **b** Hier wirst du in den Zeilen 22 bis 24 fündig.
- **c** Die Zeilen 33 und 34 liefern dir die gefragten Angaben.
- **d** In den Zeilen 43 bis 45 geht es um diese besondere Bibliothek.

a Schools increase stability in a society/nation.
or: Getting children into schools contributes to a nation's stability.
or: Schools influence children's social development.
or: When children get the chance/opportunity to go to school, they learn how to behave in a community.
or: Children who attend school learn how to live together in a society.
or: Going to school affects children's social development.

b She read a lot about children in these areas and how they live with war.
or: At the age of ten, she started to read about what war does to their lives.
or: When she was still very young, she began reading about children affected by war.

c Less than 4/four percent/per cent of humanitarian appeals worldwide are directed at education.
or: Not even 4 % of all appeals for donations worldwide are used to finance education projects.
or: The role of education in the work of charities does not seem very important, as less than 4 percent of all appeals are used for education.

d Libraries/Books were brought to the children on the backs of camels.
or: The librarian walked with the camel(s) from place to place and brought books to the children.
or: The "camel library" gave the children in remote places a chance to read and to learn.
or: Children who could not go to a library also had the opportunity to read different books.

C USE OF LANGUAGE

1 Find words or expressions in the text (part B) which mean more or less the same.

TIPP

Hinweise zu den Lösungen

a Das Synonym zu „important“ findest du in Zeile 8.
b Ein anderes Wort für „Ziel“ enthält Zeile 28.
c Eine ähnliche Bedeutung wie „(to) need“ hat auch „(to) require“ (= „benötigen“) (Z. 42).

a major
b aim
c (to) require

2 Find the opposites.

TIPP

Hinweise zu den Lösungen

a Das Gegenteil zu „continuing“ heißt auf Deutsch „enden, zum Ende kommen“.
b Hier brauchst du ein Wort mit der Bedeutung „früher“.
c Als Gegenteil zu „together“ wird ein Wort gesucht, das „allein“ bedeutet.

a coming to an end
b earlier
c alone

3 Choose <u>two</u> of the following words and give a definition.

a An organisation that is “nonprofit” does not have the aim of making money.

b In a “war” different countries or different groups of people in one country fight against each other.
or: After a war, when the fighting has stopped, people can live in peace again.

c “To finance” something means to make it possible by giving money to support it.

TIPP

Hinweise zu den Lösungen

a In der Lücke muss ein Relativpronomen stehen, das sich auf „UNICEF", also eine abstrakte Sache, bezieht.

b Das Verb „(to) found" bedeutet „gründen". Aus dem Zusammenhang erkennst du, dass hier die passivische Bedeutung („wurde gegründet") benötigt wird. Bilde also eine Passivform des Verbs im „simple past".

c Hier wird ein Nomen gebraucht, das zur Bedeutung „etw. bekämpfen" passt. UNICEF setzte sich zum Ziel, Hunger zu bekämpfen.

d Gemeint sind die Rechte der Kinder, du musst also aus den drei Möglichkeiten den Possessivbegleiter mit der Bedeutung „ihre" (= „their") auswählen. Die beiden anderen Möglichkeiten werden zwar exakt gleich ausgesprochen, haben aber eine ganz andere Bedeutung („they're" = „sie sind"; „there" = „dort").

e Das Wort „Naturkatastrophe" wird im Englischen aus einem Adjektiv und dem Nomen „disaster" gebildet. Es fehlt in der Lücke ein Adjektiv aus der Wortfamilie „nature".

f In diesem Satz wird eine „-ing-form" benötigt, die das Subjekt des Satzes bildet („Hunger und Krankheit zu bekämpfen ist …").

g Auf Deutsch lautet der Satzteil mit dieser Lücke „genauso wichtig wie". Diese Vergleichsform von Adjektiven bildest du im Englischen mit „as … as".

h Hier musst du das Wort auswählen, das sich auf etwas Unzählbares („money") bezieht. Außerdem handelt es sich um einen Superlativ („das meiste davon").

i In der Lücke fehlt ein Nomen. Da kein Artikel oder Begleiter vor der Lücke steht, musst du die gesuchte Form in den Plural setzen.

j Zusammen mit „countries" bedeutet das Wort in der Lücke „Entwicklungsländer". Bilde die „-ing-form" zu „to develop", denn es handelt sich um Länder, die gerade dabei sind, sich zu entwickeln.

k Bilde das Adverb zum vorgegebenen Adjektiv, indem du „-ly" anhängst.

l Gemeint ist „sprechen über etwas", daher steht das Verb „(to) talk" mit der Präposition „about".

a which	**b** was founded	**c** hunger
d their	**e** natural	**f** Fighting
g as	**h** most	**i** individuals
j developing	**k** quickly	**l** about

5 Ask questions. (3)

TIPP

Alle Fragen sind Lösungsbeispiele.

Fragen mit Fragewort:
- Where did the event take place?
- Who spoke at the demonstration?
- Why did you decide to go there?
- When will you go to the next demonstration?
- What do you think of Greta Thunberg?
  or: What gave you the idea of going to an FFF event?
  or: What do your parents say about your interest in FFF?
- How do you feel now?
  or: How did you get there?

Entscheidungsfragen:
- Did you bring a poster or a costume?
  or: Did you skip lessons to go to the demonstration?
- Were you on your own or with friends?
- Have you been to many FFF events before?
- Do you plan to go to more FFF events in the future?

6 Paraphrasing

TIPP

Dieser Aufgabentyp erscheint dir vielleicht etwas kompliziert, denn es gibt ganz genaue Regeln, an die du dich unbedingt halten musst: Nicht weniger als zwei und nicht mehr als fünf Wörter dürfen anstelle der drei Punkte verwendet werden. Die Bedeutung des Satzes darf sich dabei nicht ändern. Der zweite Satz muss das Wort enthalten, das in Klammern angegeben ist. Übe diesen Aufgabentyp möglichst oft, um dich an diese Regeln zu gewöhnen. Dabei wirst du sehen, dass immer wieder ähnliche Umformungen verlangt werden.

Hinweise zu den Lösungen

a Bilde einen Nebensatz mit „when“, in dem die Verbform – wie „decided“ im Hauptsatz – ebenfalls im „simple past“ steht.

b Die Lücke füllst du hier am besten mit einem „if-Satz“ vom Typ I mit dem Verb „(to) have (an operation)“. Du musst die Kurzform „doesn’t“ verwenden, um die maximal erlaubte Wortzahl nicht zu überschreiten.

c Die Wendung „to succeed in doing something" („etw. erfolgreich tun") solltest du dir gut einprägen, denn es ist ganz wichtig, dass „succeed" in dieser Bedeutung mit der Präposition „in" und einer „-ing-form" verwendet wird.

d Da der Satz „with" enthalten soll, musst du einen Ausdruck mit einem Nomen (+ Adjektiv) bilden: „das Mädchen mit dem gebrochenen Arm".

a … when she saw …

b If this baby doesn't have …

c … the doctor succeeded in saving …

d … with the broken arm …

D WRITING

1 Write a comment.

TIPP

Bevor du eine Stellungnahme ausformulierst, solltest du dir in einer Mindmap oder in Listenform mögliche Argumente für und gegen die Aussage stichpunktartig auf Englisch notieren. Beachte, dass dein Text beide Seiten berücksichtigen muss und auch deine eigene Haltung deutlich werden soll.

A *Beispiellösung*

Should the voting age be lowered to 16?

Opponents say that many teenagers are not mature enough to vote at this age, and that they cannot be trusted to make serious decisions like the ones you have to make at the ballot box.

However, countries like Austria have a different view. They allow young people to vote at sixteen. In my opinion, this is only fair, because you can work and pay taxes at that age as well, so why should you not have a say in what the taxes are used for? Many decisions made by politicians concern the lives of future generations.

Therefore, young people should have a right to choose the politicians who make these decisions. *(119 words)*

B *Beispiellösung*
On the one hand, the idea of two weeks of compulsory charitable service sounds sensible. Thus, things that communities cannot afford to pay for could be achieved, such as renovating the youth club or keeping the library open.
On the other hand, this idea might not work out well if the people who did this did not really want to. They would not do a good job, so I do not think you should force people to do charitable work. Making this kind of work compulsory could also mean more unemployment. If jobs like painting the youth club were done by volunteers, the local painter might have to close his business.
(111 words)

C *Beispiellösung*
Having robots as teachers could have positive effects. If they are trained well, robots will probably make fewer mistakes than humans, work more hours and be able to teach all subjects. Overall, robots could save the country a lot of money.
However, if you look closely, teachers do much more than just explain facts or difficult maths problems. They are role models who teach values and show young people how to make up their own minds about their future.
In my opinion, it is very important for young people to have actual human beings as teachers. They need someone who they can trust or turn to for help. A robot could never do that job. *(115 words)*

2 Choose task A or task B.

TIPP

Hinweise zu task A
Lies die Aufgabenstellung genau, denn hier wird dir eine **Gliederung** für deine Bewerbung vorgegeben:
- **Stelle dich** zu Beginn kurz **vor** (z. B. Name, Alter, Wohnort/Herkunftsland, was du gerade machst).
- Erkläre dann, **warum** du denkst, dass du **als Au-pair geeignet** bist (z. B. weil du Erfahrungen als Babysitter*in hast oder schon einmal ein Praktikum als Erzieher*in gemacht hast). Es bietet sich an, dass du dabei auf Aspekte eingehst, die die Familie in ihrem Profil nennt (z. B. dass der Vater gerne möchte, dass sie ein paar Wörter in deiner Muttersprache lernen). Du musst also auch die Anzeige sorgfältig lesen.
- Als Abschluss sollst du dir noch **Fragen** an die Familie überlegen. Das können Fragen zu den Aufgaben sein, die dich erwarten, oder zu deiner Wohnsituation in der Familie. Achte aber darauf, nicht nach etwas zu fragen, das bereits in der Anzeige steht (z. B. die Bezahlung, die Dauer oder der Starttermin). Du könntest aber natürlich fragen, ob du schon früher/erst später anfangen kannst oder ob du länger/kürzer als sechs Monate bleiben dürftest.

Hinweise zu task B

Diese Aufgabenstellung lässt dir großen Freiraum. Du kannst selbst entscheiden, aus wessen **Perspektive** du schreiben möchtest. Es könnte z. B. eine der Personen bzw. der Hund aus der Ich-Perspektive schreiben, du könntest aber auch die personale Erzählhaltung wählen und über die Personen/das Tier in der dritten Person *(he, she, it* bzw. *they)* schreiben.

Es liegt nahe, dass du etwas erzählst, das schon in der **Vergangenheit** liegt, daher musst du bei den **Verbformen** besonders gut aufpassen. Vermutlich benötigst du vor allem Formen im *simple past, past progressive* oder *past perfect.*

Überlege, ob deine Geschichte in den USA oder Großbritannien spielt. Verwende konsequent „British English" oder „American English".

Auch bei **Form und Aufbau** bist du freier als in einer Bewerbung, aber auch hier sollte es einen roten Faden geben. Eine Geschichte hat außerdem in der Regel eine Überschrift.

Falls du Mühe hast, **Ideen** zu den Bildern zu finden, könnten dir diese Fragen weiterhelfen:

- Wo befinden sich die Jugendlichen/der Hund auf dem Bild gerade?
- Wie kamen sie in diese Situation?
- Wie ging es danach weiter?

A *Beispiellösung*

Dear Sam, Emma and Sophia,

My name is Ali, I'm 17 and I'm from Freiburg in Germany. This summer I will finish secondary school. After that I would like to go abroad for some time – six months would be perfect. I've already done work experience in a nursery school and I really loved it. As I grew up in a big family, I'm used to taking care of kids. Therefore, I'd love to come to England as an au pair and invent games for your daughters or check out Bath's playgrounds with them.
I could teach Emma and Sophia some German and a few words of Turkish – my grandparents were Turkish immigrants.
I still have some questions: do I need a driving licence to take your girls to nursery? What exactly do you mean by "preparing snacks"? Does it mean I would have to cook for the whole family?
I'm looking forward to hearing from you or maybe talking to you on Skype so that we can get to know each other a little.

Kind regards,
Ali Yilmaz *(176 words)*

B *Beispiellösung*

Picture ❶
The task that took us back in time

The day began like most days at summer camp: we got up, made breakfast, sent a few messages to friends and posted some photos. When Alan, the ranger in charge of the outdoor activities, started to collect our phones and explained that we would spend the rest of the day offline, I was a little shocked. That didn't sound like fun …
Each team got a map – on paper! – and a few hints on how to get to "treasure hill". When it was our turn, Steve and I set off running into the forest, but we soon had to slow down. We stopped to stare at the map every few meters and fought over the question of where we were – so much more difficult if there's no blue dot moving on the map … After some time, though, we started to really enjoy it. Being completely on our own changed the way we looked at the world around us. I had the feeling we had traveled back in time. In the end, we were third to reach the destination! Not too bad, is it? *(192 words)*

Picture ❷
Buddy's big adventure

Sometimes my family and I go on a trip by train. This was the first one with this tiny new human in our family that appeared a few months ago. It's really cute when it's asleep, but you can't imagine the noise it can make. Just when we arrived in the village where we had to change trains, the noise started again. I simply had to stay back and wait for it to stop. Then suddenly everything was quiet – much too quiet. There was no train anymore and no family either! They had forgotten me! For a while I sat on the platform, shocked and sad and hungry. But then there was a very nice smell. It belonged to a beautiful lady called Penny, who was taking a walk with her human friend Harry and his mother. I said hello to them, and Penny shared some biscuits with me. Harry's mum looked at my collar *(= Hundehalsband)* and made a phone call. Then I spent a wonderful day with Penny in her garden. I was so sad when I had to say goodbye to her in the evening when my family came to take me home.

(198 words)

E INTERPRETING

1 Answer the questions in German.

TIPP

Beantworte die Fragen zu dem Text über Fake News auf Deutsch. Stichpunktartige Antworten genügen.

Hinweise zu den Lösungen

In folgenden Textstellen findest du die Antworten:

a "those reports and videos created to trick or misinform people." (Z. 5)

b "reporters have the responsibility for fixing fake news and reporting the facts." (Z. 7/8)

c "Differences in political beliefs are a major influence in how adults think about fake news […]" (Z. 8/9)

d "In recent years, Russian agents and others have used fake news campaigns to harm and weaken democratic systems in the United States and Europe." (Z. 12/13)

e Der komplette letzte Absatz des Textes ist für diese Frage relevant. Es werden folgende Verantwortliche darin genannt: „U.S. political leaders and the people who work for them", „activist groups", „reporters", „foreign actors such as Russia" (Z. 20–22).

a falsche Nachrichten (in Form von Berichten und Videos), mit denen Leute absichtlich falsch informiert und in die Irre geführt werden

b (sie) sind dafür verantwortlich, Fake News richtigzustellen/den Schaden zu reparieren, den Fake News anrichten, indem sie über die (korrekten) Fakten berichten

c die politische Partei, der eine Person nahesteht
oder: die politische Einstellung

d demokratische Systeme in den USA und Europa sollten geschwächt werden
oder: demokratische Systeme in den USA und Europa sollten geschädigt werden
oder: Schwächung demokratischer Systeme in den USA/Europa
oder: Schädigung demokratischer Systeme in den USA/Europa

e *Mögliche Antworten (zwei davon müssen genannt werden):*
- Journalistinnen und Journalisten
  oder: Reporter*innen
  oder: (die) Presse

- führende US-Politiker*innen und ihre Mitarbeiter*innen
- Gruppen von Aktivistinnen und Aktivisten
- ausländische Kräfte, z. B. aus Russland
  oder: Verantwortliche aus dem Ausland, z. B. aus Russland

2 Au pair

TIPP

Achte bei dieser Aufgabe auf den Kontext, der in der Einleitung vorgestellt wird. Eine andere Person, die sich in Bath schon auskennt, weil sie dort ebenfalls als Au-pair war, gibt dir Tipps. Bei manchen Fragen an die Gastfamilie solltest du also Bezug nehmen auf diese Freundin bzw. diesen Freund, z. B. wenn du darum bittest, in eine ganz bestimmte Sprachschule gehen zu dürfen.

Natürlich kannst und sollst du die Anregungen des Freundes/der Freundin nicht wörtlich übersetzen, du solltest aber darauf achten, die Vorgaben möglichst vollständig ins Englische zu übertragen. Am besten machst du nach dem Formulieren deiner Lösungen einen Korrekturdurchgang, bei dem du alle Punkte auf dem Aufgabenblatt abhakst, die auch in deinen Lösungen vorkommen.

a I've heard from a friend that Bath Language School is excellent. They even offer classes especially for au pairs. The classes take place twice a week during nursery school hours. Could I go to this school?

b I'd like to be honest with you. I'm really good with children but so far, I have no/hardly any experience with cooking. I'm usually a quick learner and I promise to practise before I come, but I think you should know about this.

c There is something else you should know: I'm allergic to nuts/I have a nut allergy. In an emergency I would need to see a doctor immediately.

d My parents and a (good) friend (of mine) would like to visit during my stay in your family. Would that be okay with you?

e I'd like to be prepared before I start work as an au pair. Could you tell me as much as possible about your children? What do they like to do? What don't they like? You said you would like me to teach them some German, so I'd like to bring some German games with me. Can you help me to choose the right ones?

Abschlussprüfung an Realschulen in Baden-Württemberg
Übungsaufgabe 3

A LISTENING COMPREHENSION 20

1 Air pollution reduces intelligence (5)

You will hear a health report about the influence air pollution has on people's intelligence. You will hear the report twice. Take notes to fill in the table.

a yearly number of deaths caused by air pollution	
b country with the most polluted cities	
c two areas in which mental abilities are affected by air pollution	
d age of people in the study	
e two groups of people mainly affected by air pollution	

2 The world's biggest challenges (5)

You will hear a radio show about the world's biggest challenges. What do Henry, Mason and Maya think?

You will hear the report twice. Write the correct name (Henry, Mason, Maya) next to the statements. Be careful: one statement does not fit. Mark this statement with a cross (✗).

a [ ] Some people judge me because of the way I look.

b People in industrialised countries waste too much food.

c Australia has the most serious environmental problems in the world.

d Racial inequality is still a problem today.

e We must act now!

3 Negative self-talk can hurt you (4)

You will hear a report about negative and positive self-talk. You will hear the report twice. Tick (✓) the correct sentence endings.

a Professor Paul Hughes …

A ☐ is an expert on how people's thoughts control their behaviour.

B ☐ knows that students do well in exams if they attend classes regularly.

C ☐ believes negative self-talk is only relevant in an academic context.

b Test anxiety …

A ☐ never affects hard-working students.

B ☐ means that students cannot perform properly in an exam.

C ☐ means that teachers put too much pressure on their students.

c Lindsay …

A ☐ studied at the college where Professor Hughes taught classes.

B ☐ was not a good student.

C ☐ knew why she always did poorly in exams.

d Hughes' advice is …

A ☐ to be more focused during an exam.

B ☐ to ignore people who are judging you.

C ☐ to turn negative statements into positive questions.

4 Pihcintu Choir (6)

Listen to a report about the Pihcintu Choir, which was founded by Con Fullam. Decide whether the following statements are true or false.

		true	false
a	Con Fullam founded Pihcintu Choir in order to help immigrant and refugee children integrate.	☐	☐
b	Both girls and boys sing in the Pihcintu Choir.	☐	☐
c	The members of the choir are from 21 countries.	☐	☐
d	The songs don't deal with special topics.	☐	☐
e	All the children have experienced some kind of violence.	☐	☐
f	The members of Pihcintu Choir are related to each other.	☐	☐

Text Where we can walk among dinosaurs

It was a bad day 70 million years ago for a triceratops dinosaur, whose bones can be seen under a Tyrannosaurus Rex skeleton – in a position as if it were still alive and ready for dinner.

Huge dinosaurs and other ancient creatures are part of a fantastic exhibition, one of many at the Smithsonian National Museum of Natural History in Washington, D.C. Instead of the typical static poses, the 31,000-square-foot exhibition has positioned the animals so they look more real and animated. It is as if they are on a nature show, and they are doing the thing that the cameraperson waited 15 years to catch.

"Did you know that all birds descended from dinosaurs?" said Matthew Carrano, who is responsible for the exhibition. Carrano used to be obsessed with dinosaurs as a kid and is now one of the world's leading experts in this field. "We now know dinosaurs were fast growing, and very lively animals. Many of the dinosaurs you see here didn't necessarily live together. Each species lasted a million years or so and then another species would appear."

Located in the large "Hall of Fossils", the exhibition called "Deep Time", which opened in 2019 after a five-year renovation, is all about ancient life on Earth, and how its climate, ecosystems and geology evolved over 3.7 billion years. It shows over 700 fossils, including plants, insects and reptiles, and it gives visitors the opportunity to see fossils being prepared for scientific study in a glass-walled lab. Visitors can also touch real fossils and talk to educators and volunteers about what they are learning in the exhibit. Although this exhibit starts at the beginning of our planet, it ends in our future and this is what makes it special.

Among the fossils is an underlying message about the future and the importance of protecting the Earth. "We explain and let you explore for yourself what the meaning is in something that might have happened 55 million years ago to tell us a lot about the impact we are having now, because it's not just a past story, it's also our story right now," explained Siobhan Starrs, the exhibition project manager.

The objects on display show how much the Earth has changed, affected by shifts in the climate. Scientists say 66 million years ago, the impact of a huge asteroid transformed the environment so much the dinosaurs and most other forms of life couldn't survive. But today, the exhibition points out, humans are the reason why there are devastating environmental problems. "It's a scientific fact [...] that we are having an impact on this planet that's unprecedented[1]," Starrs said. "It's unprecedented in the scale[2], and in the rate[3], and it's unprecedented that it's one singular species causing all of these changes."

While "Deep Time" does not directly say we should stop harming the Earth – although of course we should –, it clearly presents the evidence that we are harming our planet and that we have the ability to stop. "There's lots of specific things you can do," said Kirk Johnson, the head of the museum. "Decrease[4] climate change and help preserve species and habitats[5]. There's a lot of things that are happening in the world today that don't have to be happening."

Starrs hopes the five million people visiting the permanent exhibition each year will think about what they can do to help. "I would really like to see people getting connected to this story of the impact that we're having on the planet, and to really wake up and start making smart choices," she said. "Start looking at the things that people are doing around the world to direct our planet toward a hopeful, positive future." *(625 words)*

Adapted from: Deborah Block, Voice of America News, June 8, 2019

1 unprecedented – *beispiellos, noch nie da gewesen*
2 scale – size
3 rate – speed
4 (to) decrease ≠ (to) increase
5 habitat – living environment

1 Match the headings with the parts of the text. (5)

There are two more headings than you need.
Example: 8 – f

1 An extraordinary exhibition about ancient life on Earth	**a** lines 1–9
2 General facts about dinosaurs	**b** lines 10–15
3 How to stop harming our planet	**c** lines 16–23
4 T. Rex – a dangerous predator	**d** lines 24–36
5 Dinosaurs at the Smithsonian	**e** lines 37–48
6 Scientific study of fossils	
7 Fossils and their meaning for the future	

2 Decide whether the following statements are true, false or not in the text. (3)

Example: g – false

a The triceratops was a dinosaur that only ate plants.

b Birds evolved from dinosaurs.

c The first known bird is Archaeopteryx.

d The dinosaurs in the exhibition come from different ages.

e The name of the exhibition is "Deep Time".

f The exhibition shows 700 dinosaur skeletons.

3 Finish the sentences using the information from the text. (6)

Example: g – A

a The Smithsonian National Museum of Natural History …

A is located in the state of Washington.

B opened in the year 2019.

C can be visited in the capital of the United States.

D is 31,000 square metres big.

b Matthew Carrano …

A is responsible for "Deep Time".

B explains that all dinosaurs were fast.

C is the exhibition project manager.

D has been working for the museum since 2019.

c "Deep Time" shows the history of our planet from …

A 3.7 billion years ago.

B 70 million years ago.

C 66 million years ago.

D 55 million years ago.

d Visitors …

A can see dinosaurs in static poses.

B can see nearly 700 fossils.

C are not allowed to touch any of the fossils.

D can watch how scientists work.

e An enormous asteroid …

A would not endanger life on Earth if it hit our planet.

B completely changed the living conditions on Earth millions of years ago.

C hit the Earth 55 million years ago and killed all life on the planet.

D can be seen in the exhibition.

f The exhibition …

A shows how much impact humans have on the Earth today.

B has already had 5 million visitors.

C will not be open to visitors in two years' time.

D tells people what to do to stop climate change.

4 Find <u>three</u> facts about dinosaurs. (3)

Use the information from the text and take notes.

5 Answer the questions in complete sentences. (8)

Use the information from the text.

a What is unusual about the way the dinosaurs are exhibited?

b What happened 66 million years ago?

c In what way is the impact of human beings on our planet special?

d Which message in relation to the future is the exhibition intended to communicate?

C USE OF LANGUAGE 23

1 Find words or expressions in the text (part B) which mean more or less the same. (3)

a influence (lines 24–28)

b collision (lines 29–36)

c (to) protect (lines 37–42)

2 Find the opposites. (3)

a alive (line 2)
b hopes (line 43)
c smart (line 46)

3 Choose <u>two</u> of the following words and give a definition. (4)

a lab (line 20)
b (to) survive (line 32)
c devastating (line 33)

4 Vocabulary – Grammar (6)

Complete the text by using suitable forms of the words. Where three choices are given, choose the right word to fit the gap. Find words of your own to replace the question marks.

Lightweight Plastic Bags Banned in New Zealand

A tough ban on single-use plastic bags came into force in New Zealand as part of a bigger campaign to fight ________ the country's "throwaway culture" in 2019.	**a** for/against/with
Shops ________ are caught still handing out these types of plastic bags to customers could be fined up to $ 67,000. But	**b** ?
________ say the laws do not go far enough.	**c** criticism
It is a small country, but about 750 million plastic bags ________ in New Zealand each year before the government prohibited lightweight single-use plastic bags. Surveys show most people support the ban on lightweight single-use bags	**d** to use
that the government says are an ________ threat.	**e** environment
Retailers[1] who disregard the law could face heavy fines and shoppers are asked to report offenders, ________ there are also checks by officials.	**f** whereas/while/as

But authorities say their first approach is ________ companies about their ________.	**g** educational **h** responsible
The ban, ________ by New Zealand's prime minister in 2018, applies to any type of plastic ________ than 0.07 millimetres in thickness.	**i** to announce **j** fewer/less/least
More ________ 50 countries, including Bangladesh, China and France, have brought in laws to ban or restrict the use of lightweight plastic bags in ________ years.	**k** ? **l** recently

Adapted from: Phil Mercer, Voice of America, July 1, 2019

1 retailer – *Einzelhändler*in*

5 Ask questions. (3)

You are talking to your friend Ben, who recently visited the new exhibition of a famous artist in your town. Ask him three questions about the exhibition.
Use different question forms or different tenses.

6 Paraphrasing (4)

Complete the second sentence so that it means the same as the first sentence. Use between two and five words including the word in brackets.

Example: My mother avoids plastic bags completely.
(never) My mother … any plastic bags.
→ … never uses …

a In some countries, customers are charged for the use of plastic bags.
(pay) In some countries, customers … the use of plastic bags.

b The Bangladesh government introduced a ban on lightweight plastic bags in 2002. No other country had done this before.
(first) In 2002, Bangladesh was … lightweight plastic bags.

c In 2018, China banned the import of plastic waste for recycling.
(possible) … to import plastic waste for recycling into China since 2018.

d Wealthy countries export millions of tons of plastic waste to Southeast Asia.
(by) Millions of tons of plastic … wealthy countries to Southeast Asia.

D WRITING 27

1 Write a comment. (9)

Choose **one** of the following statements. Discuss the pros and cons and give your own opinion. Write about 100 words.

A Taking a gap year is a waste of time and money.

B Team sport is better than individual sport for a child's development.

C "Learning to learn" should be a compulsory subject at school.

2 Choose task A <u>or</u> task B. (18)

You only have to do **one** of the following tasks.

A You are taking part in a writing competition launched by an English-speaking teen magazine. You have to write about the following topic:
How can you make the world a better place?
Write about 160 words.

B You were at the most horrible birthday party ever.
Write a diary entry and explain what happened.
Write about 160 words.

E INTERPRETING 15

1 Answer the questions in German. (6)

You have found the following text on the internet. In your answers, you do not need to write in complete sentences.

a Was genau haben die Expertinnen und Experten des IFTF für das Jahr 2030 vorausgesagt? (1)

b Welche Einstellung brauchen junge Menschen in Bezug auf Arbeit und Lernen, denen ihre berufliche Karriere noch bevorsteht? (1)

c Inwiefern können Arbeitnehmer*innen der Zukunft mit Dirigentinnen und Dirigenten verglichen werden? (2 Aspekte) (2)

d Wie wird die Stellensuche in Zukunft wahrscheinlich ablaufen? (2 Aspekte) (2)

Text Most of 2030's Jobs Haven't Been Invented Yet

Up to 85 percent of the jobs that today's college students will have in 2030 haven't been invented yet. That's according to a group of experts working for the Institute for the Future (IFTF), although an exact prediction is impossible.

The IFTF, a non-profit organisation that wants to identify trends and their influence on global society, forecasts that many of the tasks and duties of the jobs that today's young people will hold in 2030 don't exist right now.

Rachel Maguire, a research director with IFTF, says that those who plan to work for the next 50 years have to be prepared to be working and learning and working and learning and working and learning in order to make a career.

People and machines – our future workplace reality?

By 2030, we'll likely be living in a world where artificial assistants help us with almost every task, not unlike the way email tries to finish spelling a word for users today. Maguire says it will be like having an assistant working alongside you, taking on tasks that the human brain is not good at. She adds that the people who are at home in the digital world will be able to take advantage of this development. "They'll be well-positioned to elevate[1] their position, elevate the kind of work they can do, because they've essentially got an orchestra of digital technologies that they're conducting[2]" she says. "They're just playing the role of a conductor, but the work's being done, at least in partnership, with these machines." New technology in the next decade is expected to lead to new human-machine partnerships that will make the most of each partner's strengths.

Job hunting in the future

And forget about traditional human resources departments or the challenging task of looking for a job on your own. In the future, the job might come to you. Potential employers will draw from different data sources, including online business profiles and social media, to get a sense of a person and their skills. Maguire says there's already a lot of activity around turning employment into a matchmaking business, using artificial intelligence to help the right person and the right job find each other. In theory, this kind of online job matching could lead to fewer prejudices and less discrimination in hiring practices. However, there are potential problems. "We have to be aware that the people who are building these tools are informing these tools with their own prejudices, whether they're intentional or not," Maguire says. "These systems will only be as good as the data that feeds them."

Adapted and abridged from: Dora Mekouar, Voice of America News, February 8, 2019

1 (to) elevate – (to) lift to a higher position
2 (to) conduct – *dirigieren*

2 At the station (9)

You are stranded at Stuttgart main station because of a terrible storm. A young backpacker from Scotland is at the help desk in front of you. As he does not speak a word of German and the lady at the help desk does not understand his Scottish accent, you decide to help. Give the backpacker all the important pieces of information in English.

a Wegen des Sturms ist der Zugverkehr für heute Abend eingestellt worden. Ob morgen wieder alle Züge normal verkehren, kann ich im Moment leider noch nicht einschätzen, da einige Bäume auf die Gleise gefallen sind und Oberleitungen beschädigt haben. (2)

b Könntest du ihm bitte sagen, dass er bereits ab 6 Uhr morgens unsere Hotline telefonisch erreichen kann? Dann kann er sich den Weg zum Bahnhof sparen, wenn die Züge noch nicht fahren sollten. Allerdings ist die Nummer kostenpflichtig. Eine weitere und kostenlose Möglichkeit ist es, in unserem Online-Chat nachzufragen. (2)

c Könntest du den jungen Mann bitte fragen, ob er mir sein Zugticket zeigen kann? Ich müsste nachsehen, ob ich ihm ein neues Ticket ausstellen muss, falls er eine zuggebundene Fahrkarte hat. Das wäre super, vielen Dank. (1,5)

d Da in Stuttgart im Moment eine große Messe stattfindet, sind alle Hotels ausgebucht. In der Nähe des Bahnhofs gibt es aber eine Jugendherberge, in der er eventuell übernachten könnte. (1.5)

e Bitte sag ihm, dass es mir sehr leidtut, dass er heute nicht mehr nach Frankfurt weiterreisen kann. Das ist schon eine wirklich ärgerliche Situation, wenn so etwas passiert. Wenn er möchte, kann ich für ihn auch bei der Jugendherberge anrufen und fragen, ob es noch freie Betten gibt. (2)

A LISTENING COMPREHENSION

1 Air pollution reduces intelligence

Listening text

Air pollution is a killer. The World Health Organization says that it kills an estimated seven million people around the world each year and that nine of every 10 people worldwide are breathing polluted air. The WHO experts note that more than 90 percent of air pollution-related deaths occur in low- and middle-income countries in Asia and Africa and that India has the world's 14 most polluted cities. Even if polluted air does not kill us, it can make us very sick. A recent study shows that air pollution can even cause a measurable reduction in our intelligence. The researchers reported that long-term exposure to air pollution can affect a person's mental abilities in two areas: language and mathematics. The researchers studied about 25,000 men, women and children between 2010 and 2014. Participants came from 25 of China's 33 provinces. The youngest people in the study were 10 years old, while the oldest was 90.
Researchers compared the test results with measurements of pollution in the air. They found that breathing polluted air can reduce a person's education level by about one year. Xi Chen of Yale University, who led the study, said that the effect generally is worse for those over 64 years of age and for those with little or no education. Males are more affected than females. And people working outdoors are more affected than people working indoors.
The study was carried out in a single country, but the findings may be important for people all over the world. Chen urges government policymakers to make serious changes. He says that we need to clean up the sky instead of investing in face masks or air filters.

Adapted and abridged from: Anna Matteo, Voice of America Learning English, October 15, 2018

TIPP

Dieser Bericht handelt vom Einfluss der Luftverschmutzung auf die menschliche Intelligenz. Trage die gefragten Informationen in Stichpunkten in die Tabelle ein.

Hinweise zu den Lösungen

a "The World Health Organization says that [air pollution] kills an estimated seven million people around the world each year [...]" (Z. 1/2)

b Hier könntest du versucht sein, die Anzahl der Städte mit der höchsten Luftverschmutzung einzutragen. Gefragt ist aber das Land: "India has the world's 14 most polluted cities." (Z. 5)

c Notiere beide Bereiche, auf die sich die Luftverschmutzung negativ auswirkt: "The researchers reported that long-term exposure to air pollution can affect a person's mental abilities in two areas: language and mathematics." (Z. 7–9)

d "The youngest people in the study were 10 years old, while the oldest was 90." (Z. 11/12)

e "[…] the effect generally is worse for those over 64 years of age and for those with little or no education. Males are more affected than females. And people working outdoors are more affected than people working indoors." (Z. 15–18) Hier sind zwei der vier möglichen Aspekte zu nennen.

a (about/approximately) 7 million

b India

c
- language
- mathematics

d (from) 10 to 90
or: between 10 and 90 years old
or: 10–90 (years of age)

e
- people over 64 (years of age) / older people
- people with little or no education
- men
- people working outdoors/people who work outdoors

2 The world's biggest challenges

Listening text

Reporter: My name's Aubrey Roberts and today I'm reporting live from Castle Hill High School in north-west Sydney, where I'm trying to find out what problems young people consider to be the biggest challenges in the world today.

Henry: Hello, I'm Henry. I think the biggest problem is world hunger. Imagine that: about 795 million people don't have enough food to be able to lead a healthy life – that's one in nine! And the thing is, there'd actually be enough food for everyone. Just think about what people in the industrialised countries throw away every day …

Reporter: That's true, Henry. What's your opinion, Mason?

Mason: It's a difficult question. There're so many things that have gone wrong or are going wrong, but I'd say, here in Australia, the most serious problems are environmental ones for sure: we get lots of droughts and devastating bushfires, but there are dangerous floods as well. The Great Barrier Reef is under threat and corals are dying due to climate change and other man-made problems, such as littering. However, global warming and pollution are a problem all over the world. People need to realise that if we want a future for our planet, we need to change our attitude and our behaviour immediately!

Maya: Can I say something too?

Reporter: Of course, you can.

Maya: I'd like to talk about a problem which I'm not sure is an issue all over the world but it's something I feel strongly about and that affects me personally. As you can see, I'm part-aboriginal Australian, so my skin colour is a bit darker than, say, white. Discrimination is a strong word, but I can honestly say that I often feel … disadvantaged. We're living in the 21st century – shouldn't my qualifications and personality decide whether I get a job instead of the colour of my skin? I'm Maya, by the way.

Reporter: Thank you so much for your honesty, Maya. I'm afraid that discrimination *is* a global problem, just like environmental problems and food shortage or food waste are. I must admit that I'm really impressed by all your answers. You've given me and our listeners a lot of food for thought. Thanks for your time, and all the best for the future. Now back to the studio, where my colleague Hoang will be talking to an expert about the global challenge of how to fight pandemics like the coronavirus.

TIPP

In dieser *Matching*-Aufgabe werden dir verschiedene Aussagen vorgelegt. Diesen Aussagen musst du jeweils eine von drei Personen zuordnen. Beachte, dass eine Aussage niemandem zugeordnet werden kann und dass zu einer befragten Person zwei Sätze passen. Höre also genau zu. Inhaltlich handelt der Text von den großen Herausforderungen unserer Zeit. Drei Schüler*innen einer australischen Highschool äußern zu diesem Thema ihre Meinung.

Hinweise zu den Lösungen

a Maya fühlt sich aufgrund ihrer Hautfarbe benachteiligt. Wegen ihres Aussehens wird sie oft in eine bestimmte Schublade gesteckt: "[S]houldn't my qualifications and personality decide whether I get a job instead of the colour of my skin?" (Z. 24–26)

b Henry: "And the thing is, there'd actually be enough food for everyone. Just think about what people in the industrialised countries throw away every day …" (Z. 6–8)

c Mason spricht zwar über die schwerwiegenden Umweltprobleme, mit denen Australien zu kämpfen hat und die dort seiner Meinung nach das größte Problem darstellen, er vergleicht sie jedoch nicht mit denen anderer Länder. Deshalb kann diese Aussage nicht zugeordnet werden.

d "As you can see, I'm part-aboriginal Australian, so my skin colour is a bit darker than, say, white. Discrimination is a strong word, but I can honestly say that I often feel … disadvantaged." (Z. 22–24) Auch wenn die Moderatorin Maya zustimmt (vgl. Z. 27/28), zählt als richtige Antwort nur „Maya", da Aubrey nicht zur Auswahl steht. Halte dich also immer genau an die Aufgabenstellung.

e Mason: "People need to realise that if we want a future for our planet, we need to <u>change</u> our attitude and <u>our behaviour immediately</u>!" (Z. 16/17)

a Maya **b** Henry **c** ✗

d Maya **e** Mason

3 Negative self-talk can hurt you

Listening text

Sometimes self-criticism is not a bad thing. However, too much of it may affect your brain – and your life. Negative self-talk. It is that little voice in your head that says you are not good enough. It reminds you of all your faults and mistakes. Professor Hughes is a researcher on how the mind controls behavior. He says the way we talk to ourselves and about ourselves can affect every part of our lives – from our career to our family life.

When Hughes taught at a community college, he noticed that some students who studied hard, did their homework and came to class regularly still did poorly on exams. He wondered why they were suffering from so-called "test anxiety". One reason why some students test poorly might be that they realize their future is on the line, which puts a lot of pressure on them. Failing several tests can affect a student's confidence – and future test performances. This can become a pattern, because when you continually fail at something, you begin to talk to yourself in a negative way, which actually re-programs the same negative outcome over and over again.

Hughes used one of his students at a community college as an example. Although Lindsay was a good student, she did poorly on exams. When Hughes asked her how she felt before a test, she said she was very tense. She wondered why she had trouble remembering what she had studied. Hughes took Lindsay's negative statements and turned them into positive questions. Before a test, he told Lindsay to say to herself: Why am I so relaxed when I take an exam? Why am I so focused during my exam? Why do I remember everything I study for an exam? Lindsay

took his advice. A year later, she had good news to share: she had gotten straight "A"s on all of her exams.
Professor Hughes saw student after student succeed with his method. He claims that positive self-talk works with everyone. Try it for yourselves!

Adapted and abridged from: Anna Matteo, Voice of America Learning English, April 15, 2019

TIPP

In diesem Bericht geht es darum, wie man durch die Kraft seiner eigenen positiven und negativen Gedanken Einfluss auf sein Leben nehmen kann. Wähle aus drei Möglichkeiten das jeweils richtige Satzende aus.

Hinweise zu den Lösungen

- **a** "Professor Hughes is a researcher on how the mind controls behaviour." (Z. 4)
- **b** "[…] he noticed that some students who studied hard, did their homework and came to class regularly still did poorly on exams. He wondered why they were suffering from so-called 'test anxiety'." (Z. 7–9)
- **c** "Hughes used one of his students at a community college as an example. […] Lindsay was a good student […]" (Z. 16/17)
- **d** "Hughes took Lindsay's negative statements and turned them into positive questions." (Z. 19/20)

a A **b** B **c** A **d** C

4 Pihcintu Choir

Listening text

Sara Ali (from Sudan): I like being in the Pihcintu Choir because it gives you a voice for who you are and with every voice, there's a story behind it.

Girl 1: I'm from Uganda.

Girl 2: I'm from Iraq.

Girl 3: I am from Sudan.

Girl 4: I lived in a refugee camp in Ethiopia.

Con Fullam (founder of Pihcintu Choir): The Pihcintu Chorus was created to give immigrant and refugee children their voices back because the very first thing you lose when you come to a new country, quite literally, is your voice. So, being able to join a chorus of like-minded kids, who also struggle with language, is a very positive and powerful way to bring these kids into the culture and into the English language.

I am a singer-songwriter, composer, television producer, and I founded Pihcintu, this multinational refugee and immigrant girls' chorus, 14 years ago in Portland, Maine. We have 34 girls from 21 countries. Pihcintu is an Indian word and it means when they sing, their voices carry far.

Speaker: Please welcome, Pihcintu.

Con Fullam: So, we're based in Portland, Maine, but we were invited to come and perform at the One Journey Festival here in Washington D.C.

Vanda Berninger (co-founder of the festival): One Journey Festival is a celebration of the people who experienced unimaginable struggles, and come into new societies, and thrive. I think the Pihcintu Choir represents our mission.

Girl: *(singing)* Somewhere where we all can live together …

Con Fullam: I write a good deal of the songs for the girls. They choose some of the songs and some of their repertoires. So it's a group effort. The songs really have to do with peace and love and lack of violence, because these kids all come from areas of violence, war-torn countries, great violence that has had a tremendous impact on their lives.

Fatimah Lamloon (Iraq): When I sing on stage, I feel empowered. I feel as though when someone hears our songs that they are going to be touched in some way and that they are going to make a change.

Nyawal Lia (Sudan): I joined this chorus when I was very young. And in 2013, I began to do advocacy work through this chorus, for the South Sudanese people who are going through the genocide and going through famine and all of that.

Sara Ali: I've learned that family does not have to be from blood 'cause these girls are practically like my family now even though we are not blood. They are who I am and they are what made me who I am. And that's like one of our songs, We are Family, and I think that speaks.

From: June Soh, Voice of America News, August 14, 2019

TIPP

Die Herausforderung bei diesem Hörtext besteht darin, dass viele verschiedene Sprecher*innen zu Wort kommen und dass es zahlreiche Hintergrundgeräusche gibt. Inhaltlich geht es um den *Pihcintu Choir*, einen besonderen Chor in den USA, der an einem Festival teilnimmt.

Hinweise zu den Lösungen

a "The Pihcintu Chorus was created to give immigrant and refugee children their voices back […] So, being able to join a chorus of like-minded kids, who also struggle with language, is a very positive and powerful way to bring these kids into the culture and into the English language." (Z. 7–12)

b Pihcintu ist ein reiner Mädchenchor: "I founded Pihcintu, this multinational refugee and immigrant <u>girls' chorus</u> [...] We have 34 <u>girls</u> [...]" (Z. 13–15)

c "We have 34 girls from 21 countries." (Z. 15)

d "The songs really have to do with peace and love and lack of violence [...]" (Z. 25/26)

e "[...] these kids all come from areas of violence, war-torn countries, great violence that has had a tremendous impact on their lives." (Z. 26–28)

f Die Chormitglieder stehen sich zwar so nah wie eine Familie, sind aber nicht verwandt (= „to be related to"): "I've learned that family does not have to be from blood 'cause these girls are practically like my family now [...]" (Z. 35/36)

a true	**b** false	**c** true
d false	**e** true	**f** false

B TEXT-BASED TASKS

1 Match the headings with the parts of the text.

TIPP

Die erste Aufgabe ist eine *Matching*-Aufgabe, bei der du verschiedene „headings" den richtigen Textabschnitten zuordnen sollst.

Hinweise zu den Lösungen

1 Im Abschnitt c geht es um die Ausstellung „Deep Time". Sie wird in dem Textabschnitt als „special" (Z. 23) bezeichnet. Bei diesem Adjektiv handelt es sich um ein Synonym von „extraordinary" aus Überschrift 1. Außerdem kommt im Text der Ausdruck „ancient life on Earth" (Z. 17) vor, der wortwörtlich in der Überschrift übernommen wurde.

2 Abschnitt b enthält zahlreiche allgemeine Fakten über Dinosaurier.

3 In dieser Textpassage werden einige konkrete Maßnahmen genannt, die verhindern können, dass wir Menschen der Erde weiterhin so großen Schaden zufügen.

4 Der T. Rex kommt zwar in den Zeilen 1 bis 3 vor, aber die Überschrift passt nicht zu den restlichen Zeilen.

5 Diese Überschrift fasst den Inhalt der Zeilen 1 bis 9 zusammen. In den beiden Absätzen geht es um Dinosaurier und wie sie im Smithsonian National Museum of Natural History präsentiert werden.

6 Die wissenschaftliche Auseinandersetzung mit Fossilien ist ein Teilaspekt des vierten Abschnitts, passt aber nicht zum restlichen Inhalt dieses Absatzes. Deshalb bleibt diese Überschrift übrig.

7 Gleich der erste Satz des Abschnitts d zeigt dir, dass diese Überschrift am besten passt: "Among the fossils is an underlying message about the future […]" (Z. 24)

1 c **2** b **3** e **5** a **7** d

2 Decide whether the following statements are true, false or not in the text.

TIPP

Hinweise zu den Lösungen

a Der Triceratops wird zwar in Zeile 1 erwähnt, allerdings steht nicht im Text, wovon er sich ernährt hat. Deshalb musst du „not in the text" angeben.

b "Did you know that all birds descended from dinosaurs?" (Z. 10)

c Du weißt wahrscheinlich, dass Archaeopteryx der Urvogel ist. Im Text steht davon allerdings nichts.

d "Many of the dinosaurs you see here didn't necessarily live together. Each species lasted a million years or so and then another species would appear." (Z. 13–15)

e "Located in the large 'Hall of Fossils', the exhibition called 'Deep Time' […]" (Z. 16)

f "It shows over 700 fossils, including plants, insects and reptiles […]" (Z. 18/19)

a not in the text **b** true **c** not in the text

d true **e** true **f** false

3 Finish the sentences using the information from the text.

TIPP

Hier ist genaues Lesen des Textes und der Teilaufgaben gefragt, denn oftmals entscheidet nur ein einziges Wort darüber, ob ein Satzende richtig oder falsch ist.

Hinweise zu den Lösungen

a "[…] the Smithsonian National Museum of Natural History in Washington, D.C." (Z. 5/6) Wenn du weißt, dass Washington, D.C., die Hauptstadt der USA ist, hast du die richtige Antwort schnell gefunden.

b "Matthew Carrano […] is responsible for the exhibition." (Z. 10/11)

c Alle Zahlen kommen im Text an verschiedenen Stellen vor. Die richtige Zahl steht in Zeile 18.

d "[…] it gives visitors the opportunity to see fossils being prepared for scientific study in a glass-walled lab." (Z. 19/20)

e "Scientists say 66 million years ago, the impact of a huge asteroid transformed the environment so much the dinosaurs and most other forms of life couldn't survive." (Z. 30–32)

f An mehreren Stellen im Text wird ersichtlich, dass wir Menschen einen großen (negativen) Einfluss auf die Erde haben (vgl. Z. 32–36; Z. 38/39; Z. 45).

a C	**b** A	**c** A
d D	**e** B	**f** A

4 Find three facts about dinosaurs.

TIPP

Du sollst **drei Fakten über Dinosaurier** zusammentragen und **in Stichpunkten** notieren. Beziehe dich dabei nur auf **Informationen aus dem Text**.

Hinweise zu den Lösungen

Die relevanten Informationen stehen im Text in den Zeilen 10 bis 14 sowie in den Zeilen 30 bis 32. Alle Antworten sind Lösungsvorschläge.

- (they were the) predecessors of birds
- (they were) fast growing and lively animals
  or: (they) grew fast and were (very) lively
- each species lasted about a million years
- (they) died out when an asteroid hit the Earth about 66 million years ago

5 Answer the questions in complete sentences.

TIPP

Die folgenden Fragen sollst du in ganzen Sätzen beantworten.

Hinweise zu den Lösungen

a Es ist ungewöhnlich, dass die Dinosaurier nicht in statischen Posen, sondern sozusagen „in action" gezeigt werden (vgl. Z. 1–3; Z. 6–9).

b Die Zeitangabe „66 million years ago“ aus der Aufgabenstellung findest du im Text in Zeile 30. Lies für deine Lösung die Zeilen 30 bis 32 genau.

c Das Nomen „impact“ kommt im Text häufig vor. Um den Einfluss, den die Menschen auf die Erde haben, geht es in den Zeilen 32 bis 36.

d Im vorletzten Abschnitt werden konkrete Vorschläge gemacht, was wir tun können, um zu helfen (vgl. Z. 39–42). In den Zeilen 44 bis 46 sagt die Projektmanagerin der Ausstellung: "I would really like to see people [...] wake up and start making smart choices [...]"

a They (are not shown in static poses but they) have been put in realistic situations so that they appear (more) real and animated.
or: They have been put in dynamic poses so that they look like real animals.
or: Because of the way they are presented they look as if they were alive.

b A huge asteroid hit the Earth and changed the living conditions on the planet fundamentally.
or: The dinosaurs died out/became extinct.
or: Because a huge asteroid hit the Earth, the dinosaurs – as well as most other forms of life – did not survive.
or: A huge asteroid killed almost all life on Earth because its impact changed the living conditions on the planet.

c The human impact on Earth is special in a negative way because no other species has had an impact this big or this fast.

d People are supposed to think about what they can do to help our planet.
or: People are supposed to wake up and start making smart choices concerning the environment.
or: The exhibition is supposed to wake people up so that they start directing the Earth toward a hopeful and positive future.
or: The exhibition is supposed to wake people up so that they start to behave in a way that will give our planet a positive future.

C USE OF LANGUAGE

1 Find words or expressions in the text (part B) which mean more or less the same.

TIPP

Hinweise zu den Lösungen

a Das gesuchte Nomen ist „impact“ in Zeile 27. In diesem Kontext bedeutet das Wort „Einfluss“.

b Auch hier ist das gesuchte Nomen „impact“ (Z. 30). An diesem Beispiel wird deutlich, dass Wörter mehrere Bedeutungen haben können und dass du immer den Textzusammenhang beachten musst, wenn du Aufgaben im Bereich „Use of Language“ bearbeitest. An dieser Stelle hat „impact“ die Bedeutung „Aufprall“ oder „Zusammenstoß“.

c Das gesuchte Verb steht in Zeile 41.

a impact

b impact

c (to) preserve

2 Find the opposites.

TIPP

Hinweise zu den Lösungen

a Das Adjektiv „alive“ bedeutet „lebendig“. Solltest du es nicht kennen, kannst du es von „(to) live“ oder „life“ ableiten.

b Das Wort „hopes“ könnte sowohl ein Nomen im Plural als auch ein Verb in der 3. Person Singular sein. Wenn du dir allerdings die Textstelle durchliest, erkennst du, dass es sich um ein Verb handeln muss. Du suchst also ein Verb mit gegenteiliger Bedeutung, das du ebenfalls ins „simple present“ und in die 3. Person Singular setzen musst.

c Das Wort „smart“ wird auch im Deutschen verwendet, allerdings kann es mehrere Bedeutungen haben. Lies also die Textstelle genau durch und mache dir klar, was das Adjektiv in diesem Text bedeutet. Suche dann zu dieser Bedeutung das passende Gegenteil.

a dead

b fears
or: is afraid

c stupid

3 Choose <u>two</u> of the following words and give a definition.

TIPP

Bei dieser Aufgabe sollst du **zwei Wörter** aus dem Text erklären, wobei du aus drei Wörtern auswählen kannst. Beachte, dass in deiner Definition keine Wörter derselben Wortfamilie vorkommen sollten. Grundsätzlich ist es aber möglich, mit Synonymen, Antonymen oder Beispielen zu arbeiten. Kläre vorab am besten mit deiner Englisch-Lehrkraft, ob es an deiner Schule bestimmte Vorgaben gibt, welche Lösungen (nicht) akzeptiert werden. Die folgenden Sätze sind Lösungsvorschläge.

a A "lab" is a room where scientists work and, for example, do experiments.

b The verb "survive" means to continue living after a severe accident or illness, for example.
or: There was a horrible accident on the motorway, but luckily, all the people involved survived.

c The adjective "devastating" is used as a description when something causes terrible damage.
or: The words "catastrophic" and "disastrous" are synonyms of "devastating".

4 Vocabulary – Grammar

TIPP

Hinweise zu den Lösungen

a Es soll <u>gegen</u> die „Wegwerfkultur" gekämpft werden. Die richtige Präposition ist in diesem Fall „against".

b Hier fehlt ein passendes Relativpronomen.

c Es fehlt das Subjekt des Satzes. Das Verb „say" zeigt dir, dass eine Personengruppe eingesetzt werden muss.

d Hier fehlt eine Passivform. Auf den ersten Blick könntest du aufgrund der Zeitangabe „each year" dazu verleitet sein, eine Form im „simple present" zu bilden. Liest du aber den ganzen Satz, erkennst du, dass sich der Gebrauch der 750 Millionen Plastiktüten auf die Vergangenheit bezieht: Da der Nebensatz mit „before" eingeleitet wird, weißt du, dass du entweder das „simple past" oder das „past perfect" brauchst.

e Die Lücke steht vor dem Nomen „threat" und das fehlende Wort beschreibt die Bedrohung näher. Du musst also ein Adjektiv bilden.

f Die fehlende Konjunktion ist „while". Sie hat die Bedeutung „während".

g Hier fehlt der Infinitiv mit „to".

h Firmen haben gewisse Verantwortlichkeiten. Du musst also aus dem gegebenen Adjektiv das passende Nomen bilden. Sowohl der Singular als auch der Plural sind möglich. Beachte die richtige Schreibung.

i Hier fehlt das „past participle", denn es handelt sich um einen verkürzten Relativsatz: "The ban, which was announced ..."

j In diesem Satz wird die Dicke des Kunststoffs genauer beschrieben. Es geht also darum, dass Plastiktüten, die weniger als 0,07 mm dick sind, verboten werden. Sowohl „fewer" als auch „less" bedeuten „weniger". Der Unterschied ist allerdings, dass sich „fewer" auf zählbare Nomen (wie z. B. „bag") bezieht, wohingegen „less" bei nicht zählbaren Nomen verwendet wird. Da sich die Lücke auf „thickness" bezieht und „thickness" nicht zählbar ist, ist „less" die richtige Wahl. Das Wort „least" heißt „am wenigsten". Der Superlativ passt nicht in den Kontext.

k Hier wird ein Vergleich angestellt, was du an dem ersten Wort des Satzes „more" erkennen kannst. Es fehlt somit „than", um den Komparativ zu bilden.

l Bei dem vorgegebenen Wort handelt es sich um ein Adverb mit der Bedeutung „kürzlich". Die Lücke bezieht sich auf das Nomen „years", du musst also ein Adjektiv bilden. Das geht ganz einfach, denn du brauchst nur die Endung „-ly" wegzulassen.

a against

b which/that

c critics

d had been used/were used

e environmental

f while

g to educate

h responsibility/responsibilities

i announced

j less

k than

l recent

5 Ask questions. (3)

TIPP

Diese Aufgabe hängt nicht mit dem Text aus Teil B zusammen. Lies dir die Situationsbeschreibung genau durch, damit du passende Fragen stellen kannst. Von den **drei Fragen**, die du formulieren sollst, sollte nur eine Frage eine Entscheidungsfrage sein. Verwende auch verschiedene Fragewörter und Zeitformen. Die folgenden Fragen sind Beispiellösungen.

Fragen mit Fragewort:

- When did you visit the exhibition?
- Who did you go with?
- How much time did you spend at the exhibition?
  or: How much does the exhibition cost for students?
- How many exhibits can visitors see?
- Which picture did you like best?
- What reasons can you give me why I should visit the exhibition?

Entscheidungsfragen:

- Were many people at the exhibition?
- Is there an audio guide available?
- Can you recommend other people to visit the exhibition?
- Would you like to go again?

6 Paraphrasing

TIPP

Für diese Aufgabe brauchst du ein gutes Sprachgefühl sowie sichere Wortschatz- und Grammatikkenntnisse. Dir liegen mehrere Sätze vor. Zu diesen Sätzen sollst du jeweils einen Lückensatz so vervollständigen, dass er die gleiche Bedeutung erhält. Dabei musst du ein in Klammern vorgegebenes Wort verwenden. In jeder Lücke darfst du insgesamt zwei bis fünf Wörter ergänzen.

Hinweise zu den Lösungen

a Du sollst hier auf andere Art und Weise ausdrücken, dass Kundinnen und Kunden für Plastiktüten zahlen müssen. Du kannst verschiedene „modal auxiliaries" in Verbindung mit dem bereits gegebenen Verb „pay" verwenden.

b Du kannst entweder eine Satzkonstruktion mit „to" und Infinitiv wählen, oder du bildest einen Relativsatz, wobei sowohl „which" als auch „that" als Relativpronomen verwendet werden können. Beachte, dass du das Nomen „country" brauchst, um dieselbe Bedeutung zu erzielen.

c Im gegebenen Satz wird aufgrund der Zeitangabe „in 2018" das „simple past" verwendet. Lass dich nicht verunsichern – in deiner Lösung musst du eine andere Zeit verwenden: Das Signalwort „since" im Lückensatz zeigt dir, dass das „present perfect" hier die richtige Wahl ist.

d Das Wort „by" zeigt dir, dass du einen Satz im Passiv bilden musst. Verwende dieselbe Zeit wie im ersten Satz, also das „simple present".

a … have to pay for …
or: … must pay for …
or: … need to pay for …

b … the first country to ban …
or: … the first country which banned …
or: … the first country that banned …

c It has not been possible …

d … are exported by …

D WRITING

1 Write a comment.

TIPP

In einem „comment" sollst du zu einer Aussage, die oft ein kontroverses Thema anspricht, **Stellung nehmen**. Wichtig ist, dass du Argumente findest, die für und gegen die Aussage sprechen, bevor du Position beziehst. Beginne mit einem einleitenden Satz. Insgesamt sollst du rund 100 Wörter schreiben. Halte dich in etwa an die Vorgabe, um Punktabzug zu vermeiden.

A *Beispiellösung*
Nowadays, many young people take a gap year after school. However, some people believe that gap years are a waste of time and money. Are they really, though? Some argue that a gap year is expensive, especially if you travel the world. Others think that the young people will just waste time, which could be bad for their future careers.
However, young people can learn a lot about themselves during that time. Some learn a new language, do internships or voluntary work. They also learn to be independent and organised.
In my opinion, you can profit immensely from a gap year if it is well-planned. It is ideal for finding out about yourself and gaining invaluable experience.
(117 words)

B *Beispiellösung*
Sport has lots of positive effects on a child's development. Children who do sport regularly are healthier and more self-confident, for example. However, is it true that team sports are better than individual sports?
On a team, players have to rely on and support each other. Teams can be close-knit communities in which long-lasting friendships develop.

In contrast, children who do individual sports can only rely on themselves to succeed. They need to be able to motivate themselves and set their own goals. This might make them mentally stronger and more independent.
In conclusion, both team and individual sports have their advantages and I believe that it does not matter which sport you choose – as long as you enjoy it.

(120 words)

C *Beispiellösung*

Students sometimes struggle with remembering facts, figures or vocabulary. That is why some experts recommend making "learning to learn" a compulsory subject.
Not everyone wants to add another subject to the curriculum. Some teachers think that "learning to learn" can be included in the subjects that already exist and many students do not want another lesson added to their timetable.
However, there is usually not enough time to focus on how to learn, although it would be important for students to find out about their individual learning styles in order to make studying more effective.
I agree that "learning to learn" should be obligatory because it would help students – not only at school, but also later in life. *(118 words)*

2 Choose task A or task B.

TIPP

Hinweise zu task A

Task A ist ein **Beitrag**, den du bei einem englischsprachigen **Schreibwettbewerb** einreichen möchtest. Du sollst einen Text von rund 160 Wörtern zu der Frage verfassen, wie man die Welt verbessern kann. Überlege dir eine interessante Einleitung, mit der du die Leserschaft in deinen Bann ziehst und so die Chance erhöhst, dass der ganze Text gelesen wird.

Hinweise zu task B

Bei **task B** handelt es sich um einen **Tagebucheintrag** von ca. 160 Wörtern, in dem du über die schrecklichste Geburtstagsfeier, auf die du je eingeladen warst, schreibst. Warum die Feier fürchterlich war, ist völlig offen – hier ist also deine Kreativität gefragt. Kläre am besten vor der Prüfung mit deiner Englisch-Lehrkraft, ob du bei einem Tagebucheintrag ein Datum ergänzen und ob du den Text mit „Dear Diary," beginnen sollst.

A *Beispiellösung*

How can you make the world a better place?

Today's world is not for the faint-hearted. There are wars, famines and natural disasters, not to mention global warming and pollution. I could go on and on. Instead of becoming resigned, however, we need to act now to give our planet a future.

You say you can't start a global climate strike like Greta Thunberg? Don't worry – we don't have to be Greta to make a difference. There are a lot of things we can easily change in our daily routines. Here are some ideas: Avoid plastic packaging. Buy fair-trade products. Use recycled paper. Do not throw away food. Grow your own fruit and vegetables or choose regional products. Go by bike, walk or use public transport as often as possible. Fly less and do not go on cruise ships. Save water and electricity. The opportunities are endless.

So what are you waiting for? Every little thing you do can make the world a better place. EVERY. LITTLE. THING. *(168 words)*

B *Beispiellösung*

(date)

Dear Diary,

Mia's birthday party was the worst party I've ever been to! We met in front of an old house in the city centre. I was already feeling uneasy, but I didn't say anything because all the others were having fun. Mia walked through the open door and led us into a room, where we had some cake. Then, a strange-looking woman came in and said it was time for the tour of the haunted house.

I was scared but I followed my friends into the other room. The woman was telling us about the spooky history of the house when suddenly the lights went out. It was completely dark and I was paralysed with fear. There was a loud bang and a scream but then the lights went back on. The woman was gone, and the door was locked. We couldn't get out! It was only then that Mia told us we were in an escape room and had to find a way out of the house. I was so scared I couldn't think straight. After an eternity, my friends found the key to the door – and I was so relieved that I burst in tears! *(198 words)*

E INTERPRETING

1 Answer the questions in German.

TIPP

Dir liegt ein englischsprachiger Text über die Zukunft des Arbeitslebens vor, in dem es um die Veränderungen durch technischen Fortschritt und die Digitalisierung geht. Deine Aufgabe ist es, Fragen zum Text auf Deutsch zu beantworten. Bei allen Lösungen handelt es sich um Vorschläge.

Hinweise zu den Lösungen

a "Up to 85 percent of the jobs that today's college students will have in 2030 haven't been invented yet." (Z. 1/2); "The IFTF […] forecasts that many of the tasks and duties of the jobs that today's young people will hold in 2030 don't exist right now." (Z. 4–6)

b Die notwendige Grundeinstellung lautet „be prepared to be working and learning and working and learning and working and learning" (Z. 8/9). Es gibt mehrere Möglichkeiten, dieses „lebenslange Lernen" zu umschreiben.

c Die relevante Textstelle findest du im Abschnitt „People and machines – our future workplace reality?": "'They'll be well-positioned to elevate their position, elevate the kind of work they can do, because they've essentially got an orchestra of digital technologies that they're conducting' she says. 'They're just playing the role of a conductor, but the work's being done, at least in partnership, with these machines.'" (Z. 16–19)

d Du kannst auf diese Antwort 2 Punkte erhalten. Deshalb weißt du, dass diese Antwort ausführlicher ausfallen muss als die Antworten zu den ersten beiden Fragen.
Die relevante Textstelle findest du mithilfe der Überschrift „Job hunting in the future" („job hunting" = „Stellensuche"): "Potential employers will draw from different data sources, including online business profiles and social media, to get a sense of a person and their skills. Maguire says there's already a lot of activity around turning employment into a matchmaking business, using artificial intelligence to help the right person and the right job find each other." (Z. 24–29)

a Bis zu 85 % der Stellen, die die heutigen Studierenden im Jahr 2030 besetzen werden, gibt es noch nicht.
oder: Bis zu 85 % der Jobs, die 2030 von den heutigen Studierenden ausgeübt werden, sind noch nicht erfunden (worden).
oder: Viele Aufgaben und Pflichten, die zu den Stellenbeschreibungen im Jahr 2030 gehören werden, existieren noch nicht.

b Bereitschaft zu lebenslangem Lernen
oder: Bereitschaft, sich immer wieder fortzubilden
oder: Sie müssen bereit sein, sich ihr (Arbeits-)Leben lang fortzubilden und sich auf neue Gegebenheiten einzustellen.
oder: Lebenslanges Lernen für den Beruf ist die Grundvoraussetzung für eine erfolgreiche Karriere.

c Arbeitnehmer*innen werden viele Aufgaben nicht mehr selbst verrichten, sondern sie werden hauptsächlich die technischen Möglichkeiten aufeinander abstimmen. Ihre Tätigkeit ist somit vergleichbar mit der von Dirigentinnen und Dirigenten, die ein Orchester zusammenhalten.
oder: Die digitalen Technologien sind wie ein Orchester, das die Arbeitnehmer*innen dirigieren. Die Technik übernimmt meist die Arbeit, aber der Mensch muss – wie ein Dirigent oder eine Dirigentin – alles zusammenführen.

d – Firmen kontaktieren Arbeitssuchende immer häufiger.
– Digitale Kanäle und künstliche Intelligenz helfen bei der Suche nach passenden Bewerberinnen und Bewerbern.
oder: Arbeitssuchende werden immer mehr mit den passenden Stellen „verkuppelt", indem Firmen z. B. soziale Netzwerke oder künstliche Intelligenz nutzen, um die optimalen Kandidatinnen und Kandidaten zu finden.
oder: Arbeitssuchende werden immer häufiger von Firmen kontaktiert werden, die über verschiedene digitale Kanäle und mithilfe von künstlicher Intelligenz die besten Bewerber*innen für eine Stelle suchen

2 At the station

TIPP

Lies dir als Erstes die Situationsbeschreibung genau durch. In diesem Fall sollst du Informationen einer Bahnangestellten an einen schottischen Rucksacktouristen, der kein Deutsch versteht, auf Englisch weitergeben. Überlege, welche der Informationen so wichtig sind, dass du sie in die andere Sprache übertragen musst, und welche Details du weglassen kannst. Alle Antworten sind Lösungsvorschläge.

Hinweise zu den Lösungen

a Lass dich nicht verunsichern, wenn du Wörter wie „Oberleitung" nicht auf Englisch weißt, denn diese Information kannst du einfach weglassen. Was der Urlauber jedoch unbedingt von dir erfahren sollte, ist, dass an diesem Abend keine Züge mehr fahren und dass auch noch nicht klar ist, wie die Lage am nächsten Tag sein wird.

b Der Tourist hat zwei Möglichkeiten, wie er herausfinden kann, ob die Züge wieder fahren. Für jede Möglichkeit erhältst du einen Punkt.

c Die Mitarbeiterin möchte das Zugticket sehen. Du solltest auf jeden Fall den Grund erläutern, nämlich dass sie die Fahrkarte vielleicht neu ausstellen muss. Das Detail „zuggebundene Fahrkarte" kannst du erwähnen, musst du aber nicht. Achte hier v. a. auf den richtigen Gebrauch der Personalpronomen, denn wenn du die Perspektive verwechselst (und z. B. statt „you" „he" schreibst), erhältst du Punktabzug. Mit dem Satz „Das wäre super, vielen Dank" richtet sich die Servicemitarbeiterin an dich, d. h., diesen Satz musst du weglassen.

d Um die 1,5 Punkte zu erhalten, müssen hier folgende Aspekte ins Englische übertragen werden: „Messe", „Hotels ausgebucht", „Jugendherberge in Bahnhofsnähe".

e Du musst hier nur die Entschuldigung wiedergeben und erklären, dass die Dame bei der Jugendherberge anrufen würde, um nach einem freien Bett zu fragen. Den Kommentar, dass das eine ärgerliche Situation ist, kannst du weglassen.

a There won't be any trains tonight. Unfortunately, the help desk clerk doesn't know when the trains will be running again (according to the timetable) because of the storm and the damage it has caused.
or: All trains/train services have been cancelled for tonight. Unfortunately, the lady doesn't know yet if services will be disrupted tomorrow as well because of the storm damage.
or: No trains will be leaving or arriving at the station tonight. It remains to be seen whether the trains will be running tomorrow (because trees have fallen onto the tracks and overhead wires have been damaged).
or: No more trains will be running tonight. It's still unclear whether everything will be back to normal tomorrow because of the severe damage the storm has caused.

b You can call the/their hotline from 6 a.m. to find out whether the trains are running again but you'll have to pay for that service. You can also go to their website and ask in the online chat.
or: If you want to find out about the trains tomorrow, the hotline is available from 6 o'clock in the morning, but you have to pay for it. Alternatively, you can use their online chat, which is free.

c Could you show the clerk your train ticket? She might have to change it.
or: Could you give the clerk your train ticket, please? She wants to find out whether she needs to change it (so that you can use whichever train you want to get to your destination).
or: Would you show the lady your ticket? If it is a train-specific ticket, she'll need to change it (to a flexible fare ticket).

d As there is a big fair at the moment, all the hotels are fully booked. However, you can try the youth hostel near the station.
or: There's a big trade fair in Stuttgart at the moment. That's why all the hotels are booked out. There is a youth hostel near the train station, though, where you could possibly spend the night.

e The lady is very sorry that you can't continue your journey tonight. She has offered to help and give the youth hostel a call for you to find out if you can spend the night there.
or: The lady is very sorry that you can't get to Frankfurt tonight. She has offered to call the youth hostel and ask if they have a free bed for you.
or: The lady is very sorry that you're stranded here tonight. If you want, she'll call the youth hostel to find out if they have any vacancies for tonight.

Bildnachweis:
S. 73: © Daniel M. Ernst. Shutterstock
S. 82: © Betty Ray. Shutterstock

Abschlussprüfung an Realschulen in Baden-Württemberg
Übungsaufgabe 4

A LISTENING COMPREHENSION 20

1 India's film industry (5)

You will hear a report about India's film industry. You will hear the report twice. Take notes to fill in the table.

a what Bollywood is mostly known for	
b the name "Bollywood" is a combination of …	
c what most films shot in Mumbai have in common	
d the number of Indian languages Suzanne Bernert speaks	
e Indian cinemagoers' criticism of the choice of settings in films made in Mumbai	

2 Military families (5)

You will hear a radio show about military families in the United States. What do Paul, Adrian and Nancy think of their lives? You will hear the conversation twice. Write the correct name (Paul, Adrian, Nancy) next to the statement. Be careful: one statement does not fit. Mark this statement with a cross (✗).

a I spent a lot of time alone with my kids.

b I want to follow in my father's footsteps.

c My family made me join the army.

d Fearing for the lives of your loved ones is part of my reality.

e In my view, the US mostly intervene abroad for economic reasons.

3 A podcast on Canada (4)

You will hear a podcast about Canada. One ending to each of the following sentences is correct. Tick (✓) the correct ending to finish the sentences. You will hear the podcast twice.

a Canadian banknotes …

A ☐ are in two different colours.

B ☐ were used as a template *(Vorlage)* for Monopoly money.

C ☐ are issued in five denominations *(Stückelung)*.

b The banknotes of Canada …

A ☐ are made of a special material that cannot be ripped.

B ☐ only have see-through sections for security reasons.

C ☐ are made of some kind of paper.

c It is true that …

A ☐ Trivial Pursuit can only be played by two players.

B ☐ the word "America" always means "United States of America".

C ☐ sometimes people mistakenly believe that a famous person comes from the United States although he or she is Canadian.

d Canada's cuisine is …

A ☐ the same all over Canada.

B ☐ not well-known outside Canada, except for maple syrup.

C ☐ world-famous for its poutine.

4 The Big Five (6)

You will hear a radio show about the Big Five. You will hear the show twice. Take notes to complete the following information cluster about the Big Five by adding missing information.

THE BIG FIVE

elephant

a

b

rhino

c grey, thick-skinned (animal)

d name is Greek and means "nose-horned"

e

lion

f often called "king of the animals"

g often called "king of the jungle", but it doesn't live there

h

leopard

i

Cape buffalo

j also called "African buffalo"

k

Text Trevor Noah

When Trevor Noah was born in 1984, South Africa was politically quite different from what it is today. A system of racial segregation called apartheid controlled the nation and gave the white minority a higher status and more rights than the native black population and the other groups that were classified as "coloured". There were signs on stairs, public lavatories, benches and at beaches telling non-Europeans where they were allowed to be and which places and facilities could only be used by Europeans, meaning people whose skin was white. Marriages between members of different races were against the law and when a multiracial child was born, it was taken away from its parents. This segregation luckily came to an end in the early 1990s, but the after-effects of decades of racial dominance and suppression still have an influence on everyday life in South Africa today.

Trevor Noah's mother, Patricia Nombuyiselo, met Robert Noah in Johannesburg, but as she was a black Xhosa and his father was German Swiss and therefore white-skinned, their relationship was illegal, and so was Trevor when he was born. That is why his best-selling book is called "Born a Crime". The book was published in 2016 and tells the story of him growing up with a single mum. When they met with his dad in public, they had to walk a few metres behind him, so people would not make the connection. He was not allowed to call him Dad in public either. In interviews, Trevor says that he did not realise the danger they were in of getting caught and that it all felt normal to him … until his mother was arrested for the first time and they went to live with his grandmother in the township of Soweto.

One thing he did realise was different was his skin colour, and so did others: he had a lighter skin colour than the children in his neighbourhood and he was bullied multiple times because of that. It was not easy for him at school either; he was too white for the black kids and too black for the white kids. Another rough experience he had was his mother's later marriage to a man who physically abused both of them. They did not get much help from the police back then and after the divorce his stepfather even shot Trevor's mother twice. She survived even though one of the two shots hit her in the head. As he knows first-hand how hard it is for some of the children in Johannesburg, he set up a foundation to help the most vulnerable children in the region be able to lead happy, successful lives with a future full of opportunities.

When Trevor was 18, he got his first small role in "Isidingo", a South African soap opera, and had his own radio show. After a while he concentrated more on his comedy and became quite popular. He did the opening for some international comedians who were touring through South Africa. After hosting several TV shows and the South African Music Awards, he started touring in the United States in 2010. As this turned out to be successful, he moved to the US in 2011. After a few years of travelling and performing, he finally became the host of "The Daily Show" on Comedy Central in September 2015.

Nowadays he is known for his clever comedy, in which he describes his experiences with race and ethnicity and his observations of everyday life in the US. He was able to show his incredible comical talent when he had the chance to present the trailer of "Black Panther", nominated for Best Picture, at the Oscars in 2019. He quoted a saying in Xhosa, an African language using click consonants spoken by around 8.3 million people, and said it meant "in times like these, we are stronger when we fight together than when we try to fight apart". But what he really said in Xhosa was "white people don't know that I'm lying". *(671 words)*

1 Match the headings with the parts of the text. (5)

There are two more headings than you need.
Example: 8 – f

1 Becoming a celebrity
2 A star in South Africa
3 A cruel system of injustice
4 From victim to helper
5 Mocking Hollywood big time
6 Reality of life for a mixed-race child
7 South Africa and the Europeans

a lines 1–11
b lines 12–22
c lines 23–33
d lines 34–41
e lines 42–49

2 Decide whether the following statements are true, false or not in the text. (3)

Example: g – false

a Apartheid ended after Trevor Noah was born.
b Patricia married Trevor's father.
c Patricia was shot by her ex-husband.
d Trevor Noah worked hard for a foundation to help the children of Johannesburg.

e Before Trevor Noah moved to the US, he had been well-known in South Africa.

f Some people were offended by Trevor Noah's joke at the Oscars in 2019.

3 Finish the sentences using the information from the text. (6)

Example: g – B

a During apartheid …

A Europeans were privileged in South Africa.

B whites were suppressed by the native black population.

C people of every skin colour used the same public lavatories.

D you did not get in trouble with the law for having a multiracial child.

b Trevor Noah's father …

A was a violent man.

B was born in South Africa.

C played with his son in public.

D speaks German.

c When Trevor Noah was a child, he …

A lived with his father.

B had a horrible stepfather.

C had many friends.

D never had to move.

d Most people in South Africa have heard of Trevor Noah because …

A he played a role in "Isidingo".

B he had his own radio show.

C he made a career as a comedian.

D he set up a foundation.

e Hosting "The Daily Show" on Comedy Central …

A made Trevor Noah move from South Africa to the US.

B was followed by three years of travelling through the US.

C was a big step in his career.

D was his big break in 2011.

f At the Oscars in 2019, …

A Trevor Noah led people to believe that he was translating a Xhosa saying.

B Trevor Noah was nominated.

C the film "Black Panther" did not win any awards.

D people knew that he was making a joke in Xhosa.

4 Find <u>three</u> experiences Trevor Noah had which might have led to him establishing the Trevor Noah Foundation. (3)

Find information from the text. Take notes.

5 Answer the questions in complete sentences. (8)

Use information from the text.

a What happened to multiracial children in the apartheid system?

b Why is Trevor Noah's book called "Born a Crime"?

c What did Trevor Noah experience at school?

d Where does Trevor Noah get the inspiration for his comedy?

C USE OF LANGUAGE 23

1 Find words or expressions in the text (part B) which mean more or less the same. (3)

a (to) rule (lines 1–11)

b against the law (lines 12–22)

c entertainer (lines 34–41)

2 Find the opposites. (3)

a minority (line 3)

b in public (line 18)

c survived (line 29)

3 Choose <u>two</u> of the following words and give a definition. (4)

a decade (line 10)
b international (line 36)
c (to) quote (line 46)

4 Vocabulary – Grammar (6)

Complete the text by using suitable forms of the words. Find words of your own to replace the question marks.

Kiribati and the rising sea levels

Kiribati is a small country ______ has been mentioned in	**a** ?
some of the discussions about climate change and rising	
sea levels. It ______ of several smaller islands in the north-	**b** to consist
west of Australia in the ______ Pacific Ocean and is there-	**c** centre
fore in great danger ______ the sea levels rise further. The	**d** because of/if/ when
government is already working on plans to relocate the	
population. There are islands ______ highest spot is four	**e** ?
metres above sea level, and the rising of the sea level over	
the last few decades has already led to the ______ of ground.	**f** to lose
People are standing on the beach pointing to somewhere in	
the water, saying "This is where I ______ … now it's	**g** to grow up
gone". So, the younger generations have to face the fact	
that they will need to leave Kiribati because they ______ a	**h** to not have
future there. This makes them climate change refugees,	
victims of humans' destructive ______ towards nature. And	**i** to behave
for the elderly it is hard to leave and see everything they	
have known and built being ______ but surely swallowed	**j** slow
up by the ocean. Kiribati's president is fighting with all his	
might for the world's attention and to save his people, with	
their diverse ______ and traditions. He is trying to warn the	**k** cultural

world because there will be more and more nations that

will suffer Kiribati's fate. As it is a former British colony,

______ people believe that Great Britain has a special duty | much/many

to help these members of the Commonwealth.

5 Ask questions. (3)

You are at a book reading. Your favourite English-speaking author has just finished reading from his or her latest bestseller. Ask him or her three questions about the book and his/her work as an author.
Use different question forms or different tenses.

6 Paraphrasing (4)

Complete the second sentence so that it means the same as the first sentence. Use between two and five words including the word in brackets.

Example:
The gun lobby says that a gun which is completely safe can't be seen as a weapon.
(if) The gun lobby says that a gun can't be seen as a weapon …
→ … *if it is completely safe.*

a These days the government doesn't talk about gun control very often.
(hardly) The government … gun control these days.

b Some politicians believe that guns should not be banned but that people should be educated to use them correctly.
(instead) Some politicians want people to learn how to use guns correctly … all of them.

c Some gun lovers say that mental health is not important when buying a gun.
(matter) Some gun lovers say that mental health … when buying a gun.

d Critics argue that there are a large number of mass shootings in the US because of its loose gun laws.
(reason) Critics argue that the loose gun laws in the US … the large number of mass shootings.

D WRITING 27

1 Write a comment. (9)

Choose **one** of the following statements. Discuss the pros and cons and give your own opinion. Write about 100 words.

A The government ought to ban cigarettes as legal drugs.

B Religious education at school should be taught as one subject for all pupils.

C Private firework displays on New Year's Eve should be prohibited.

2 Choose task A <u>or</u> task B. (18)

You only have to do **one** of the following tasks.

A Write an entry for a travel blog.
You are travelling through an English-speaking country and want to keep your friends from abroad informed about your three-week trip. Write a travel blog entry on the last day of your journey to summarise your trip.
Write about 160 words.

B Complete the story in about 160 words. The story starts like this:
Yesterday was one of those boring Sunday afternoons. I was listening to music and looking out of the window, when I suddenly couldn't believe my eyes …

E INTERPRETING 15

1 Answer the questions in German. (6)

Read the text "Work and Travel in New Zealand", which you have found on the internet, and answer the questions in German. You do not have to write in complete sentences.

a Welche zwei Unternehmungen könnte man machen, wenn man Neuseeland besucht? (2)

b Warum ist es in Neuseeland einfach, Arbeit zu finden? (1)

c Welche Berechtigungen erhält man durch das WH-Visum? (1)

d Nenne zwei der Voraussetzungen, die gegeben sein müssen, damit man mit dem WHV einreisen darf. (2)

Text Work and Travel in New Zealand

Why visit New Zealand?

Are you looking for adventure? Do you want to see the world and create unforgettable memories? You don't have much money but are willing to work? ... Come to New Zealand – or Aotearoa, as the Maori call their country.

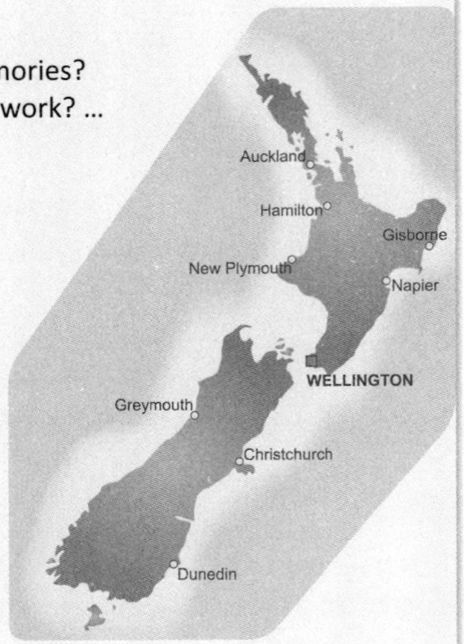

- Explore cities like Auckland, the country's second-largest city after its capital, Wellington.
- Visit the film set of Peter Jackson's "The Lord of the Rings" and "The Hobbit" and dive into Tolkien's fantastic world of hobbits, dwarfs, orcs and elves.
- Get to know the "kiwis", as the people of New Zealand are often called, and watch a match of rugby, one of their most favourite sports.
- Learn about Maori culture and watch a haka, the famous traditional dance.

Work and Travel in New Zealand

Why not earn the money you need to travel by working from time to time while you are travelling? You can wash dishes or serve in a restaurant, help out on one of the many sheep farms or get hired as a fruit picker, for example. As the unemployment rate in New Zealand is low, the economy is very happy about working travellers.

There are some things you need to know before starting your adventure:

- You need to get a WHV, a Working Holiday Visa, before entering the country. It enables you to stay in New Zealand for up to 12 months. It's up to you how much time you spend working.
- You must be between 18 and 30 years old and have a valid international passport to be able to identify yourself at any time.
- You have to have health insurance and a return ticket or enough money to be able to pay for your flight back home.

2 Teens around the Globe (9)

You are going on a guided tour through Guyana with the "Teens around the Globe" programme. It offers teenagers to travel the world and is organised by a specialised travel agency. Four weeks before your trip, you and your parents skype with Ann. She will be your English-speaking guide on the trip. As your parents don't understand English well, you need to help them.

Ann: Hello, I'm Ann, and I'm really looking forward to showing you my home country Guyana. Do you have any questions about the "Teens around the Globe" programme?

a You: ____

____ (1)

Mother: Frag sie bitte mal, wie viele dieser Touren sie im Rahmen des Programms schon gemacht hat.

b You: ____

____ (0,5)

Ann: Oh, I'm quite experienced. I've been working as a guide for three years now. This is my seventh guided tour in Guyana, but I've also done guided tours through our neighbouring countries of Brazil and Venezuela. In order to become a guide, it's company policy that every applicant has to go on two tours as a tourist. It's a good way to learn the ropes. Apart from that, I had to take a test.

c You: ____

____

____

____

____ (3)

Father: Ah, dann hat Ann schon viel Erfahrung, das ist sehr beruhigend. Wir sollten noch nachfragen, ob sie über deine Fischallergie Bescheid weiß und ob das ein Problem ist.

d You: ____

____ (0,5)

Ann:	I read about your fish allergy in your application. It's absolutely no problem. All the hotels we're going to stay at have been informed, and Toby, the other guide, is a trained paramedic – just in case.

e You: ____

____

____

____ (1)

Mother: Da bin ich aber froh. Hat sie vielleicht noch einen Tipp für dich, was du auf jeden Fall mitnehmen solltest?

f You: ____

____ (1)

Ann: Well, apart from the things you can find on the packing list, I'd really recommend a diary. You can write down all your experiences so that you'll be able to read about them later. When I read the diary entries about my earlier travels, I sometimes come across things I'd already forgotten about.

g You: ____

____

____

____

____ (2)

Parents: Das ist echt eine gute Idee. Wir haben keine weiteren Fragen mehr.

You: OK, Ann. Thank you so much for your time. I'm really looking forward to Guyana and to meeting you. Bye.

Bildnachweis:

S. 107 Elefant: © Nico Smit. 123rf.com
Nashorn: © Karel Bartik. Shutterstock
Löwe: © Seyms Brugger. Shutterstock
Leopard: © Sarah Cheriton-Jones. 123rf.com
Büffel: © 911704. Shutterstock
S. 115 Landkarte: © Daniel Kaesler. 123rf.com
Schafe: © Alexey Stiop. 123rf.com

A LISTENING COMPREHENSION

1 India's film industry

Listening text

Bollywood films are known first and foremost for dramatic love stories. However, there is much more to the film industry in India, so today we'd like to give you some background information.
Indian cinema shoots films in many different languages and cities. The centre of filmmaking, however, is Mumbai, which was once called Bombay. The name "Bollywood" came up in the 1970s and is a combination of Bombay and Hollywood. The nickname isn't very popular in India, because it alludes to the American film industry in Los Angeles. Indian filmmakers don't want to be seen as a poor copy, especially because the Indian film industry is as old as the American one. As films produced in Mumbai are mainly in Hindi, lots of people prefer the term "Hindi-language film" to "Bollywood".
The productions made in Mumbai cover a wide variety of genres, like drama, action, comedy and romance, but nearly all of them have one thing in common: they contain musical numbers, in which there is singing and dancing.
Have you ever heard of the actress Suzanne Bernert? No? Suzanne was born and raised in Germany. She did a three-year acting course in Berlin as a teenager and moved to Mumbai in 2005. Only one year later, she started acting in India and she has learned to speak fluent Hindi, as well as Bengali and Marathi. She has starred in more than 16 films and multiple TV series since then and is now a very successful German actress in Bollywood, but most Germans still haven't heard of her.
However, there are not only positive things to be heard about the Indian film industry. Criticism of two different topics is getting louder these days. Number one is the accusation that many films produced in Mumbai are cheap remakes of existing films from all over the world. And the second thing Indian cinemagoers complain about is that the characters in the films mainly represent people from the higher middle or upper classes. This is far from reality as a large percentage of the country's population is poor.

TIPP

In diesem Text geht es um die indische Filmindustrie. Fülle die Tabelle mit den relevanten Informationen in Stichpunkten.

Hinweise zu den Lösungen

a “Bollywood films are known first and foremost for dramatic love stories.” (Z. 1)

b “The name ‘Bollywood’ […] is a combination of Bombay and Hollywood.” (Z. 5–7)

c Die meisten Filme haben zwei Gemeinsamkeiten, nämlich die Gesangs- und Tanzeinlagen (vgl. Z. 13/14), aber auch die Sprache, in der sie gedreht werden (vgl. Z. 10). Du brauchst nur einen Aspekt zu nennen, um den Punkt zu erhalten.

d “[…] she has learned to speak fluent Hindi, as well as Bengali and Marathi.” (Z. 17/18) Du sollst hier nur die Anzahl der indischen Sprachen aufschreiben, die Suzanne Bernert spricht, die Sprachen aber nicht benennen.

e Hier wird gezielt nach der Kritik der indischen Kinogänger*innen gefragt: “And the second thing Indian cinemagoers complain about is that the characters in the films mainly represent people from the higher middle or upper classes.” (Z. 24–26)

a (dramatic) love stories

b Bombay and Hollywood

c (musical numbers with) singing and dancing
or: films are in Hindi

d three/3

e mainly higher middle and upper class settings in the films (although a lot of Indians live in poverty)
or: mainly middle and upper classes are represented in the films, even though a large percentage of the population is poor

2 Military families

Listening text

Hillary (host): Welcome to a new episode of our popular series “Thoughts for the Day”. Today, we want to take an inside look at what it is like to be part of a military family. Nancy, Paul and Adrian are my guests. Welcome.

Paul: Thank you.

Nancy: Glad to be here.

Adrian: Hello, Hillary.

Host: Paul, we'll start with your story. Could you tell our listeners a bit about your family?

Paul: Sure. My father fought in Afghanistan and my brother Michael is on active duty as we speak. My family has a long history with the army that goes back four generations. After I graduate from college, I'll sign up too.

Host: Has it always been clear to you that this is where the road will take you – to becoming a soldier?

Paul: No, not at all. People often believe that kids of military families are somehow expected to join the army too. This might be true for some families, but not mine.

Host: What about you, Adrian?

Adrian: Both my mother and my father are soldiers and I really do think that people who decide to serve in the military deserve our respect. We need people to protect our country or help in countries terrorized by extremists, for example. But to tell you the truth, I don't think that these are always the real reasons the US military is sent out. I believe that most decisions made in Washington have a lot to do with economic interests. That's why the military isn't an option for me. It was quite hard for my parents to accept that.

Host: Thank you, Adrian. Let's turn to our third guest today. Nancy, you lost your son John five years ago, when he was only 23 years old. Could you tell us something about him?

Nancy: Well, John was an open-minded young man with a good heart. It wasn't a surprise to me that my boy wanted to become a soldier like his dad and his brother, although it had never been easy for us. We had to move a lot and while my husband was away, it was just me and the children. Being part of a military family means that you constantly worry that something terrible might happen. And one day it did. John died on a mission to protect a children's hospital from terrorists. He saved lives. Knowing that makes it easier for me and my family to accept what happened, although his death still breaks my heart every day.

Host: Nancy, we are all very sorry for your loss! And thank you all for sharing your stories.

TIPP

Im Text werden Paul, Adrian und Nancy interviewt, die alle einer amerikanischen Militärfamilie angehören. Sie schildern ihre persönlichen Meinungen und Erfahrungen zum Thema. Durch das Interview führt eine Moderatorin.

Hinweise zu den Lösungen

a Nancy erzählt davon, dass sie früher viel Zeit mit ihren Kindern allein verbracht hat, während ihr Mann im Einsatz war (vgl. Z. 30/31).

b Diese Aussage würde auf Paul und den verstorbenen John zutreffen, da ihre Väter beide im Militär waren, doch der genaue Blick in die Arbeitsanweisungen zeigt dir, dass in der Aufgabe nur die Namen Paul, Adrian und Nancy eingetragen werden sollen. Paul sagt, dass er nach dem College auch dem Militär beitreten wird (vgl. Z. 11).

c Da Paul der Einzige ist, der dem Militär beitreten will, er sich aber ohne Druck seiner Familie dazu entschieden hat, passt diese Aussage zu keiner der drei befragten Personen.

d Diese Aussage trifft zwar auf alle drei interviewten Personen zu, doch Nancy ist die Einzige, die diese Tatsache ausspricht (vgl. Z. 31/32).

e Bei Adrian hörst du das Stichwort „economic interests" (Z. 23); er zweifelt die rein ehrenhaften Absichten Washingtons an und betont auch, dass das Militär für ihn daher keine Option ist.

a Nancy **b** Paul **c** ✗ **d** Nancy **e** Adrian

3 A podcast on Canada

Listening text

Welcome to my podcast on Canada. I'd like to start with some facts about Canadian banknotes, which I've heard some people say look like Monopoly money, because they come in bright colours like blue, purple and yellow. Today, there are 5, 10, 20, 50 and 100 Canadian dollar bills. The most interesting fact is that you can hardly tear these banknotes at all because they're made of a special plastic material. These polymer banknotes are more durable than the earlier ones made of cotton paper. They're also more secure and have lots of different safety features, such as transparent windows or holograms, for example.

Are Justin Bieber, Ryan Reynolds and Celine Dion American? Of course they aren't. They were all born in Canada, but it's a common mistake people make with Canadian celebrities. Did you know that basketball was invented by Canadian-born James Naismith? Or that the board game "Trivial Pursuit", in which players have to answer general knowledge questions, was also invented by two Canadians? So when talking about where people come from or where things were invented, keep in mind that America can either refer to the United States only or to the continents of North and South America.

At the end of today's podcast, I'd like to focus on food. And when talking about Canadian cuisine, you simply have to mention maple syrup and poutine. Delicious maple syrup is not only popular in Canada, and some countries have even adopted it into their cuisine. In the US, for example, you can find pancakes with maple syrup on the menu. Poutine is another food Canadians love, but it isn't as widely known as maple syrup. Poutine consists of French fries and cheese curds served

with brown gravy, a thick sauce. In my personal opinion, it doesn't really look delicious, but according to the majority of Canadians, it's the best thing you can eat. However, as Canada is a large and multicultural country, where one in five people is foreign-born, Canada's cuisine is very diverse and also varies greatly depending on the region.
That's it for today. Thanks for listening!

TIPP

In diesem Podcast werden dir einige Informationen zu Kanada gegeben. Setze bei dem jeweils passenden Satzende ein Häkchen.

Hinweise zu den Lösungen

a Im Text wird zwar nicht explizit erwähnt, dass es sich um fünf verschiedene Geldscheine handelt, aber die einzelnen Banknoten werden aufgezählt (vgl. Z. 4). Nachdem die Leute nur sagen, dass die kanadischen Scheine nach Spielgeld aussehen (vgl. Z. 2) und es sie in mehr als drei Farben gibt – „like blue, purple and yellow" (Z. 3) sind Beispiele –, muss C richtig sein.

b Die folgende Stelle liefert dir die relevante Information: "you can hardly tear these banknotes at all because they're made of a special plastic material." (Z. 4–6) Da neben den Sichtfenstern noch weitere Sicherheitsmerkmale im Text genannt werden (vgl. Z. 7/8) und auch erwähnt wird, dass die Scheine früher aus einem Baumwollpapier bestanden (vgl. Z. 6/7), kannst du auch über das Ausschlussverfahren herausfinden, dass Antwort A richtig ist. Die Verben „(to) tear" und „(to) rip" sind Synonyme.

c Im Text wird nur erwähnt, dass Trivial Pursuit von zwei Kanadiern erfunden wurde (vgl. Z. 12–14), es wird jedoch nichts über die Anzahl der Spieler*innen ausgesagt. Nachdem sich darüber hinaus der Begriff „America" sowohl auf die USA als auch auf Nord- oder Südamerika oder auf den gesamten amerikanischen Kontinent beziehen kann (vgl. Z. 15/16), muss Antwort C richtig sein: Kanadische Berühmtheiten werden oft fälschlicherweise für US-Amerikaner*innen gehalten (vgl. Z. 9–11).

d Da die kanadische Küche sehr facettenreich ist und sich von Region zu Region unterscheidet (vgl. Z. 26/27) und Poutine außerhalb Kanadas nicht sehr verbreitet ist (vgl. Z. 21/22), muss Antwort B richtig sein: Das Land ist für seinen Ahornsirup bekannt (vgl. Z. 19/20).

a C **b** A **c** C **d** B

Listening text

Host: Good morning to all our listeners and welcome to our ongoing series about South African wildlife. In today's episode, our expert Dr. Elijah is going to focus on the Big Five.

Dr. Elijah: It's probably the elephant that comes to mind first when you're thinking about the Big Five. Elephants are the largest and heaviest living land animals and they live together in family units. Did you know that there are actually two different kinds of elephant species on the African continent? The African forest elephant is smaller than the African bush elephant and it has smaller ears too.

Another animal of the Big Five that is grey and thick-skinned is the rhinoceros. Its name is Greek and means "nose-horned". The two still-existing African species both have two horns, which the animals use to defend themselves. Unfortunately, rhinos are hunted illegally for their horns, which is the reason why these animals are at risk.

Number three and four of the Big Five are different species of big cats. One of them is often referred to as "the king of the animals". Lions are a very social species and they live together in groups, which are called prides. You can find them from the south of the Sahara Desert all the way down to South Africa. Sometimes lions are referred to as "the kings of the jungle" – but actually that isn't where lions live. They prefer savannahs and grasslands, where they spend up to 20 hours sleeping every day.

The leopard's a big cat, too, but in contrast to lions, leopards live alone most of the time. They're very good hunters and have an interesting strategy for making sure no one steals their prey: they often drag the dead body up into a tree and eat it there.

Counting down our Big Five, there's one more member left: the African buffalo, which is also called the Cape buffalo. These animals live in herds, which can easily contain up to a few thousand animals. Buffaloes and especially their calves are on the menu when it comes to lions and leopards. But buffaloes are very dangerous too, because they can be quite aggressive.

Now why are the elephant, the rhino, the lion, the leopard and the buffalo called the Big Five? This term was used by big-game hunters, because these animals are the five most dangerous African animals which are hardest to hunt on foot. Fortunately, hunting has been severely limited and the term is now used by tourists on safari tours: they also want to shoot the animals, but only with their cameras.

Host: Thank you for all the information on this episode, Dr. Elijah.

TIPP

In der Radiosendung erzählt eine Expertin über die „Big Five“. Du sollst im vorgegebenen Cluster Informationen aus dem Hörtext ergänzen. Lies dir die bereits eingetragenen Fakten durch, bevor du deine Antworten aufschreibst, damit du nicht versehentlich dieselben Informationen notierst. Alle Antworten sind Lösungsvorschläge.

Hinweise zu den Lösungen

a “Elephants are the largest and heaviest living land animals and they live together in family units.” (Z. 5/6)

b Da im Text die beiden Elefantenarten hervorgehoben werden (vgl. Z. 6–8), solltest du diesen Aspekt unbedingt nennen, gerne auch in Form eines Vergleichs.

e Der Text enthält viele Details zu den Tieren: Es geht um die Anzahl der Nashornarten in Afrika und die Anzahl ihrer Hörner (vgl. Z. 10/11), den Nutzen der Hörner für das Tier (vgl. Z. 11), darum, dass die Hörner der Grund sind, warum Nashörner gejagt werden (vgl. Z. 12), und schließlich darum, dass sie eine bedrohte Tierart sind (vgl. Z.12/13).

h Zu den Löwen ist ebenfalls eine Vielzahl an Informationen im Text enthalten (vgl. Z. 15–20).

i Da im Cluster noch keine Informationen genannt sind, kannst du jedes im Text genannte Detail (vgl. Z. 21–24) als Antwort aufschreiben.

k In den Zeilen 25 bis 29 findest du die relevanten Informationen.

a
- largest and heaviest (animal) of the Big Five/largest and heaviest living land animal
- elephants live together in family units

b
- two different (elephant) species in Africa
- (the) African forest elephant (is) smaller than (the) African bush elephant
- (the) African forest elephant has smaller ears than (the) African bush elephant

e
- two species in Africa with two horns
- animal uses its horns to defend itself
- horns are the reason why the animal is hunted illegally/horns are the reason why rhinos are at risk because they are hunted illegally

h
- social animal which lives in groups/prides
- habitat: south of the Sahara (Desert) down to South Africa/ (lives) on savannahs and grasslands
- sleeps up to 20 hours per day

i – lives alone (most of the time)
– (very) good hunter
– often eats its prey in trees

k – lives in herds (with up to a few thousand animals)/lives in large groups (called herds)
– lions and leopards hunt buffalo (– especially their calves)/predators: lions and leopards
– very dangerous/very aggressive

B TEXT-BASED TASKS

1 Match the headings with the parts of the text.

TIPP

Bei dieser Aufgabe sollst du jedem Absatz – passend zu seinem Inhalt – die richtige Überschrift zuordnen.

Hinweise zu den Lösungen

1 Absatz d skizziert Trevor Noahs beruflichen Werdegang von einer kleinen Rolle in einer afrikanischen Serie bis hin zur US-amerikanischen „The Daily Show", die ihm zu seinem jetzigen Bekanntheitsgrad verholfen hat.

2 Kein Abschnitt befasst sich ausschließlich damit, wie Trevor Noah in Südafrika erfolgreich wurde. Deshalb lässt sich diese Überschrift nicht zuordnen.

3 In Textabschnitt a geht es um Apartheid. Darin werden die Ungerechtigkeit (= „injustice") des rassistischen Zweiklassensystems und seine Folgen für das gesellschaftliche Leben der Menschen in Südafrika dargestellt.

4 Im dritten Absatz wird beschrieben, welche einschneidenden Erfahrungen Trevor Noah schon in jungen Jahren machen musste („victim") und wie diese unter anderem dazu führten, dass er eine Stiftung gründete, die benachteiligte Jugendliche unterstützt („helper").

5 Der Oscar ist eine der höchsten Auszeichnungen der amerikanischen Filmindustrie, dessen Verleihung von einem Millionenpublikum verfolgt wird. Diesen Witz in Xhosa bei der Veranstaltung einzubauen führte ganz Hollywood an der Nase herum (vgl. Absatz e). Das Verb „(to) mock" aus der Überschrift bedeutet „verspotten".

6 Abschnitt b handelt davon, wie es war, als „illegales" Kind in Südafrika zur Zeit des Apartheid-Regimes aufzuwachsen, und welche massiven Einschränkungen Trevor hinnehmen musste, auch wenn er sich dessen damals nicht bewusst war.

7 Da es eingewanderte Europäer*innen waren, die Südafrika die Apartheid brachten, könnte man zunächst meinen, dass die Überschrift zum ersten Absatz passen müsste. Doch in diesem Abschnitt geht es eher um die Beschreibung des Systems der Apartheid. Diese Überschrift lässt sich also keinem Absatz eindeutig zuordnen und bleibt somit übrig.

1 d **3** a **4** c **5** e **6** b

2 Decide whether the following statements are true, false or not in the text.

TIPP

Um entscheiden zu können, ob eine Aussage richtig oder falsch ist bzw. ob die Information nicht im Text enthalten ist, musst du ganz genau auf die Formulierungen – sowohl im Text als auch in den Aussagen – achten. Beachte, dass du dein Vorwissen zum Thema nicht einbeziehen darfst, sondern ausschließlich die Informationen aus dem Text berücksichtigen sollst. Auf jede richtige Antwort erhältst du einen halben Punkt.

Hinweise zu den Lösungen

a Dass diese Aussage stimmt, kannst du gleich mit dem ersten Satz des Textes belegen: "When Trevor Noah was born in 1984 […] [a] system of racial segregation called apartheid controlled the nation […]" (Z. 1–3) Dass die Apartheid nach Trevors Geburt abgeschafft wurde, kannst du darüber hinaus auch aus den Zeilen 9 und 10 erschließen: "This segregation luckily came to an end in the early 1990s […]"

b Während der Apartheid waren Beziehungen zwischen Menschen unterschiedlicher Hautfarbe verboten, so auch die Beziehung zwischen Trevors Mutter („she was a black Xhosa", Z. 13) und seinem Vater („his father was […] white-skinned", Z. 13/14). Des Weiteren steht im Text, dass Patricia alleinerziehend war (vgl. Z. 16) und erst später Trevors Stiefvater geheiratet hat („his mother's later marriage", Z. 27), der hier nicht gemeint ist.

c Im Text steht, dass Patricia sich von Trevors Stiefvater scheiden ließ und er nach der Scheidung auf sie schoss (vgl. Z. 28/29).

d Trevor arbeitete nicht für eine Stiftung, sondern er gründete selbst eine eigene „foundation" (vgl. Z. 31–33).

e Nachdem in den Zeilen 37 und 38 erklärt wird, dass Trevor Gastgeber mehrerer südafrikanischer Fernsehsendungen und der South African Music Awards war, ist davon auszugehen, dass er in Südafrika bekannt war. Sein Bekanntheitsgrad wird auch durch den Satz „he […] became quite popular" (Z. 35/36) belegt.

f Im Text wird lediglich beschrieben, welchen Scherz sich Trevor bei der Oscarverleihung erlaubte, die Reaktionen darauf werden jedoch nicht erwähnt. Deshalb musst du hier „not in the text" aufschreiben.

a true **b** false **c** true

d false **e** true **f** not in the text

3 Finish the sentences using the information from the text.

TIPP

Bei dieser Aufgabe musst du aus vier Satzenden das passende aussuchen. Manchmal kommt man auch auf die richtige Lösung, wenn man weiß, welche Satzenden nicht infrage kommen (Ausschlussverfahren).

Hinweise zu den Lösungen

a "A system of racial segregation […] gave the white minority a higher status and more rights than the native black population […]" (Z. 2–4) Du kannst hier auch das Ausschlussverfahren anwenden, denn die Aussagen B bis D können anhand des Textes widerlegt werden (vgl. Z. 5–9).

b Im Text steht, dass Trevor Noahs Stiefvater gewalttätig war (vgl. Z. 27/28). Nachdem Trevors leiblicher Vater aus der Schweiz kommt und während der Apartheid nicht mit ihm in der Öffentlichkeit spielen konnte, kannst du über das Ausschlussverfahren herausfinden, dass D das richtige Satzende ist: "his father was German Swiss" (Z. 13).

c Trevors Stiefvater war gewalttätig und misshandelte ihn und seine Mutter (vgl. Z. 26–28). Nach der Scheidung schoss er sogar auf Trevors Mutter (vgl. Z. 28/29).

d Nach einer kleinen Rolle in einer südafrikanischen Fernsehserie und einer eigenen Radioshow konzentrierte sich Trevor Noah mehr auf die Arbeit als Comedian, die ihn schließlich bekannt machte (vgl. Z. 35/36). Die Gründung der Stiftung (vgl. Z. 31–33) hat nichts mit seinem Bekanntheitsgrad in Südafrika zu tun.

e Im vierten Textabschnitt kommen einige Jahreszahlen vor. Lies den Abschnitt ganz genau und lass dich nicht verwirren: Trevor Noah übernahm „The Daily Show“ im Jahr 2015. Seit 2010 tourte er jedoch durch die USA, sodass du A und B ausschließen kannst. 2011 war das Jahr, in dem er in die Vereinigten Staaten zog, und hat somit auch nichts mit „The Daily Show“ zu tun. Da die Sendung in den USA sehr beliebt ist und du alle anderen Wahlmöglichkeiten ausschließen kannst, ist C die richtige Lösung. Die Wichtigkeit dieses Karriereschritts wird auch durch das Adverb „finally“ im Text ausgedrückt: “he finally became the host of ‘The Daily Show’ on Comedy Central in September 2015.” (Z. 40/41)

f Ob Trevor Noah nominiert war oder ob der Film „Black Panther“ einen Oscar gewann, steht nicht im Text. Und da nur das Publikum, das Xhosa sprechen kann, den Witz verstehen konnte, muss Satzende A richtig sein. Die allermeisten Zuschauer*innen dachten also, Trevor übersetzte ein Sprichwort.

a A **b** D **c** B

d C **e** C **f** A

4 Find three experiences Trevor Noah had which might have led to him establishing the Trevor Noah Foundation.

TIPP

Hier sollst du drei Gründe nennen, die möglicherweise dazu führten, dass Trevor Noah eine Stiftung gegründet hat, die jungen Menschen in Johannesburg hilft. Dabei solltest du dich auf die negativen Ereignisse und Erfahrungen stützen, die er selbst als Kind und Jugendlicher machen musste.

Hinweise zu den Lösungen

Folgende Textstellen sind relevant:

- “[…] he had a lighter skin colour […] and he was bullied multiple times because of that.” (Z. 23–25)
- “Another rough experience he had was his mother’s later marriage to a man who physically abused both of them.” (Z. 26–28)
- “They did not get much help from the police […]” (Z. 28)
- “[…] his stepfather even shot Trevor’s mother twice.” (Z. 29)
- “[…] his mother was arrested […]” (Z. 20)

Die Antworten sind Lösungsvorschläge.

- he was bullied (because of his skin colour)
  or: (he became a) victim of bullying (because his skin colour was lighter)
- he and his mother were physically abused
  or: (he experienced) domestic violence (by his stepfather)
- Trevor and his mother did not get much help from the police when they were assaulted by his stepfather
  or: hardly any help from the police (when they reported physical abuse)
- his mother was shot
  or: his stepfather tried to kill his mother
  or: his mother's ex-husband shot her
  or: attempted murder of his mother
- his mother was arrested (more than once)

5 Answer the questions in complete sentences.

TIPP

Die Fragen beziehen sich auf unterschiedliche Stellen im Text. Prüfe am Ende, ob deine Antworten auch wirklich die Fragen beantworten.

Hinweise zu den Lösungen

a Da eine Beziehung zwischen Personen verschiedener Hautfarbe verboten war und die Kinder sozusagen einen Beweis für eine solche illegale Beziehung darstellten, wurden sie den Eltern weggenommen (vgl. Z. 8/9).

b Die Antwort findest du in den Zeilen 13 bis 15: Menschen verschiedener Hautfarbe war es in Südafrika verboten, Kinder zu bekommen. Die Kinder waren also rein durch ihre Geburt illegal – und somit „Born a Crime" (Z. 15).

c Die Frage bezieht sich auf seine Erfahrungen im Umgang mit anderen Kindern in der Schule: "he was too white for the black kids and too black for the white kids." (Z. 25/26)

d Zu dieser Frage werden im Text zwei Aspekte genannt, die du beide anführen musst, um den Punkt zu erhalten. Zum einen lässt er sich durch Beobachtungen des alltäglichen Lebens in den USA inspirieren, zum anderen greift er auf seine Erfahrungen zurück, die er aufgrund seiner Hautfarbe, Herkunft und ethnischen Zugehörigkeit gemacht hat bzw. macht (vgl. Z. 42/43).

a These children/They were taken away from their parents.

b The book/It is called "Born a Crime" because interracial relationships were prohibited during apartheid and as Trevor is the child of a black mother and a white father, he was illegal simply by being born.

c He was neither one of the white children, as he was too black, nor one of the black children, as he was too white.
or: Trevor Noah had the experience that he did not belong. He was not accepted because of his skin colour: he was too dark-skinned for the white children and his skin was too white/light for the black children.

d Trevor gets the inspiration for his comedy by observing daily life in the United States. Besides that, he uses his own experiences with race and ethnicity for his comedy.

C USE OF LANGUAGE

1 Find words or expressions in the text (part B) which mean more or less the same.

TIPP

Auf der Suche nach einem Wort mit gleicher Bedeutung überlege zuerst, nach welcher Wortart du suchen musst, denn wenn du die Wortart kennst, schränkt das die Anzahl möglicher Wörter deutlich ein. Meist sollst du im Text Synonyme von Adjektiven, Verben oder Nomen finden, es können aber auch andere Wortarten vorkommen.

Hinweise zu den Lösungen

a Gesucht wird nach einem Verb, was du an „to" erkennen kannst. Das Synonym findest du in Zeile 2. Beachte, dass in der Aufgabenstellung der Infinitiv „(to) rule" vorgegeben wird. Du musst also als Lösung auch den Infinitiv angeben und nicht die Verbform im „simple past", die im Text steht.

b Hier sollst du ein Adjektiv im Text finden. Das bedeutungsgleiche Wort, das zum Ausdruck „against the law" (= „gesetzeswidrig") passt, steht in Zeile 14.

c Hier sollst du schließlich ein Nomen im vierten Textabschnitt finden. An der Endung „-er" erkennst du, dass es sich um eine Person handeln muss. Da es im Deutschen den Begriff „Entertainer" auch gibt, sollte dir die Bedeutung des Wortes klar sein. Die Herausforderung ist nun, zu erkennen, dass „host" (Z. 40) das gesuchte Wort ist.

a (to) control

b illegal

c host

2 Find the opposites.

TIPP

Auch bei dieser Aufgabe solltest du dir zuerst über die Wortart klar werden. Da die Wörter im Text enthalten sind und du dir selbstständig Gegenteile überlegen sollst, ist es wichtig, die entsprechenden Textstellen noch einmal genau zu lesen, denn der Textzusammenhang hilft dir beim Erkennen der Wortart und zeigt dir, welche Bedeutung das jeweilige Wort im Text hat.

Hinweise zu den Lösungen

a Gesucht wird ein Nomen, was du an der Verwendung des bestimmten Artikels „the" im Text erkennen kannst: „<u>the</u> white minority" (Z. 3). Das Gegenteil von „Minderheit" ist „Mehrheit".

b Überlege dir, wie das Gegenteil von „in der Öffentlichkeit" auf Englisch lautet. In der ersten Lösung musst du die Kombination mit der Präposition „in" übernehmen. Auch das Adverb „privately" kannst du als Gegenteil anführen.

c Bei dem Wort „survived" handelt es sich eindeutig um ein Verb im „simple past". Überlege zuerst, wie das Gegenteil von „überleben" auf Englisch lautet, und bilde dann die richtige Form.

a majority

b in private/privately

c died

3 Choose <u>two</u> of the following words and give a definition.

TIPP

Halte dich an die Aufgabenstellung und erläutere nur **zwei** der angegebenen **Wörter**. Mache dir auch hier zunächst bewusst, um welche Wortarten es sich handelt, welche Bedeutungen die Wörter haben, und entscheide dich dann für die beiden Begriffe, die du am besten erklären kannst.

Hinweise zu den Lösungen

a Aus dem Zusammenhang des Satzes ergibt sich, dass es sich bei „decade" um eine Zeitspanne handeln muss. Wenn du das deutsche Wort „Dekade" kennst, kannst du dir die Bedeutung leicht herleiten.

b Da es im Deutschen das Wort „international" auch gibt, ist die Übersetzung nicht schwer, aber eine Definition zu formulieren ist deshalb nicht leichter. Du darfst nämlich nicht einfach schreiben, dass „international" das Gegenteil von „national" ist, da du Wörter aus derselben Wortfamilie vermeiden sollst.

c An „to“ kann man gut erkennen, dass hier ein Verb erklärt werden soll. Dies sollte in deiner Definition auch klar zu erkennen sein. Wenn du „quote“ als Verb noch nicht kennen solltest, ist dir vielleicht das zugehörige Nomen „quote“ mit der Bedeutung „Zitat“ bekannt. Daraus kannst du dann die Bedeutung des Verbs ableiten (= „zitieren“).

a A decade is a period of ten years.
or: A decade lasts ten years.

b The word/adjective “international” means that something or someone is known in more than one country.
or: International politics refers to politics between two or more countries.
or: When an artist enjoys international fame, it means that he or she is known all over the world/in a lot of countries/not only in his or her own country but in many countries.
or: An international company operates in several countries.

c When a person quotes someone else, they repeat what the other person said using exactly the same words.

4 Vocabulary – Grammar

TIPP

Achte bei der Ergänzung der einzelnen Lücken darauf, dass die Wörter nicht nur grammatikalisch korrekt sind, sondern auch in den Sinnzusammenhang des Textes passen.

Hinweise zu den Lösungen

a Der Relativsatz bezieht sich auf das Land Kiribati, das im Hauptsatz bereits genannt wurde. Da es sich dabei nicht um eine Person handelt, benutzt man das Relativpronomen „which“ oder „that“.

b In diesem Satz wird Kiribati näher beschrieben. Da es hier um den Ist-Zustand geht, brauchst du das „simple present“. Durch den Bezug auf „it“ kommt die Regel „he, she, it – das ‚-s‘ muss mit“ zum Tragen.

c Da der Pazifische Ozean näher beschrieben wird, brauchst du an dieser Stelle ein Adjektiv. Beachte, dass du das Adjektiv großschreibst, weil es Teil eines Namens ist: „Central Pacific Ocean“.

d Die Konjunktion „if“ würde ausdrücken, dass Kiribati bedroht wäre, falls der Meeresspiegel steigt. Da Kiribati aber nicht nur eventuell vom steigenden Meeresspiegel gefährdet ist, sondern das Land in Gefahr ist, sobald dieser weiter steigt, brauchst du hier die Konjunktion „when“. Bei „because of“ handelt es sich um eine Präposition, die grammatikalisch nicht in den Satzzusammenhang passt.

e In dieser Lücke fehlt das Relativpronomen „whose“. Es ist besitzanzeigend und bedeutet „deren“ oder „dessen“.

f Der bestimmte Artikel „the“ vor der Lücke zeigt dir, dass du aus dem am Rand vorgegebenen Verb ein Nomen machen musst. Zu den Nomen dieser Wortfamilie gehören „loss“ und „loser“, wobei für die Lücke inhaltlich nur das erste Nomen infrage kommt.

g Hier brauchst du aus dem gegebenen Verb „to grow up“ keine andere Wortart zu bilden. Stattdessen musst du das Verb in die richtige Zeitform setzen. Der Satz „... now it's gone“ zeigt dir, dass manche Uferregionen Kiribatis bereits verschwunden sind. Das „simple past“ ist folglich die richtige Zeit.

h Die Aussage bezieht sich auf die Zukunft. Sowohl das „will-future“ als auch das „simple present“ sind möglich. Denke daran, die Verneinung zu bilden.

i Da vor der Lücke ein Adjektiv steht, braucht es noch ein Nomen, auf das sich das Adjektiv beziehen kann. Im britischen Englisch würdest du „behaviour“, im amerikanischen Englisch „behavior“ schreiben.

j In diese Lücke muss ein Adverb eingesetzt werden. Erkennen kannst du das daran, dass das Verb „swallowed“ näher beschrieben werden soll. Auch das Adverb „surely“ liefert dir einen Hinweis, denn der Ozean verschluckt die Inseln „slowly but surely“.

k Vor dieser Lücke steht ein Adjektiv; es fehlt also ein Nomen als Bezugswort. Außerdem folgt mit „traditions“ ein weiteres Nomen auf die Lücke. Beachte, dass es hier nicht um verschiedene Kulturen geht, sondern um die vielfältige Kultur des Inselstaates, d. h., du verwendest das Nomen im Singular (im Gegensatz zum Plural von „tradition<u>s</u>“).

l Man unterscheidet „much“ und „many“ durch die Zählbarkeit der darauffolgenden Nomen. Da man Menschen einzeln zählen kann, wird hier „many“ verwendet.

a which/that **b** consists **c** Central **d** when

e whose **f** loss **g** grew up **h** won't have/don't have

i behavio(u)r **j** slowly **k** culture

l many

5 Ask questions. (3)

TIPP

Achte bei der Bearbeitung dieser Aufgabe darauf, verschiedene Frageformen und Zeiten zu verwenden. Kontrolliere am Ende deine Lösungen, um Überschneidungen zu vermeiden.

Fragen mit Fragewort:

- Why did you write this book?
- If the book was turned into a film, who should play the main character?
- How long did it take to write the book?
- Into how many languages has this book been translated?
- Where do you get your ideas from for a new book?
- How many books have you already written?
- Which of your own books is your favourite and why?
- What is the most difficult part of being an author?
- How old were you when you started writing?

Entscheidungsfragen:

- Will there be a sequel to this book?
- Are you planning on turning the book into a film?
- Did you have a co-author when you wrote this book?
- Was this book your first bestseller?
- Do you enjoy doing readings of your book?
- Is there a special place where you can write best?
- Did you already write stories when you were a child?

6 Paraphrasing

TIPP

Bei dieser Aufgabe sollst du den zweiten Satz so vervollständigen, dass er inhaltlich dem ersten Satz entspricht. Dabei musst du das in Klammern gesetzte „key word“ verwenden, darfst es aber nicht verändern. Insgesamt darfst du zwei bis fünf Wörter schreiben. Wenn du unsicher bist, lies dir zuerst das Beispiel in der Aufgabenstellung aufmerksam durch.

Hinweise zu den Lösungen

a Das Wort „hardly“ bedeutet „kaum“ und macht eine weitere Verneinung überflüssig. Das „simple present“ aus dem ersten Satz übernimmst du in deiner Lösung.

b Die Präposition „instead of“ bedeutet „anstelle“ und schließt ein Verb in der „-ing-form“ an. Beachte, dass sich bei „ban“ der Endkonsonant verdoppelt, wenn du „-ing“ anhängst.

c Das Wort „matter“ kann ein Nomen oder ein Verb sein. In den Lückensatz passt es nur als Verb, das du allerdings verneinen musst.

d Mit der Präposition „because of“ wird ein Grund angeführt, warum es in den USA so viele Tote durch Schusswaffen gibt. Den Sachverhalt kannst du auch ausdrücken, indem du das Nomen „reason“ verwendest. Beachte, dass du die Präposition „for“ brauchst.

a … hardly talks about …

b … instead of banning …

c … does not/doesn’t matter …

d … are the reason for …

D WRITING

1 Write a comment.

TIPP

Achte bei der Bearbeitung auf die genaue Formulierung der Aufgabenstellung. Hier sollst du dir lediglich **eine** der drei Aussagen aussuchen. Überlege dir, zu welcher Aussage dir Argumente dafür und dagegen einfallen und zu welcher du deine eigene Meinung gut formulieren kannst. Wenn du zu Beginn unschlüssig bist, kann es hilfreich sein, knappe Notizen zu jeder Aussage anzufertigen und dich erst dann für ein Thema zu entscheiden.

Hinweise zu den Lösungen

- Zu **A**: Achte bei deinen Ausführungen darauf, nicht vom Thema abzukommen. Es geht nur um das Verbot von Zigaretten.
- Zu **B**: Es geht hier lediglich um Religionsunterricht an Schulen, der konfessionsunabhängig gegeben werden soll. Die religiöse Bildung an Schulen soll jedoch nicht grundsätzlich infrage gestellt werden.
- Zu **C**: Beachte, dass es hier um das Verbot von „private firework displays“ geht, nicht aber um ein generelles Verbot von Feuerwerken.

A *Beispiellösung*

Although the number of smokers has decreased in recent years, many people want cigarettes to be banned as legal drugs, because nicotine is highly addictive and many people have major problems quitting. Besides, smoking can cause serious illnesses, such as cancer or heart disease. What is more, secondhand smoke is very dangerous for non-smokers.

However, opponents of the smoking ban argue that in a free society people should be allowed to decide for themselves if they want to smoke.

I believe that it would be a good start to tax tobacco even more so that smoking becomes unaffordable. Australia is a good example of this, where a pack of 20 cigarettes costs more than $ 20. *(118 words)*

B *Beispiellösung*

Religion is part of many people's identity. Voices declaring there should be one curriculum for religious education for all students are getting louder these days. They claim that as people fear the unknown, the possibility to talk about different religions and beliefs in class may lead to more tolerance.

Others say you should only learn about your own religion and that separating students based on their beliefs has been a successful approach for a long time.

Personally, I believe that lessons of religious education for all are the best solution, because students can profit immensely from being taught together: they can exchange their views and learn to accept differences. In our globalised world, people need to be united, not divided. *(120 words)*

C *Beispiellösung*

The question of whether private firework displays on New Year's Eve should be prohibited is a subject of heated debate.

Although fireworks are beautiful to watch and have a long tradition of driving away evil spirits, they also have many disadvantages.

The noise of firecrackers scares pets and wild animals alike. Some people set off their fireworks days in advance, putting stress on animals – and people – for days. Furthermore, there are many accidents and the number of people ending up in hospital rises dramatically at the end of December. What is more, an enormous amount of waste and toxic fog is produced, harming the environment and people's health.

That is why I am in favour of banning private firework displays. *(120 words)*

2 Choose task A <u>or</u> task B.

TIPP

Hinweise zu task A
Lies die Aufgabenstellung genau und achte darauf, dass du die vorgegebenen Details in deinem Text berücksichtigst: Du bist **drei Wochen** in einem **englischsprachigen Land** und möchtest deinen **ausländischen Freundeskreis** in deinem Blog auf dem Laufenden halten. Du schreibst also **am letzten Tag** deiner Reise einen Eintrag für dein **digitales Reisetagebuch**, in dem du deine Erlebnisse **zusammenfasst**.

Hinweise zu task B
Mach dir vorab Gedanken, was in deiner Geschichte passieren und wie sie enden soll, um beim Schreiben die erforderliche Anzahl der Wörter nicht aus den Augen zu verlieren. Die Details, die in den beiden ersten Sätzen der Geschichte enthalten sind, sind wichtig: Es war ein langweiliger Sonntagnachmittag, der **Ich-Erzähler oder die Ich-Erzählerin** hörte Musik und **sah aus dem Fenster**. Da bemerkte er/sie **etwas Unglaubliches** …

A *Beispiellösung*

I can't believe that the three weeks have already come to an end. Time flies when you're having fun …
Our trip started in Las Vegas, where everything is bigger, higher and faster. My older brother and I did and saw some crazy things there: we went on a spin ride 900 feet above the ground on top of a hotel, took a gondola ride on Las Vegas Grand Canal and saw some fantastic free shows on the Strip. No other city was as impressive as this.
We then spent a few days in the Rocky Mountains, where we enjoyed the silence and the beautiful scenery. We mostly spent our time relaxing but went hiking too. After the noise and craziness of Vegas, spending time in the Rockies was perfect. The Grand Canyon was a bit disappointing though because it was hazy and we couldn't see very far.
Now we're sitting at the airport and I have mixed feelings. Although I'm looking forward to going home, it would have been great to stay a bit longer and visit Los Angeles too. At least now I know where I'm going to continue my adventure when I have saved up enough money. *(200 words)*

B *Beispiellösung*

Yesterday was one of those boring Sunday afternoons. I was listening to music and looking out of the window, when I suddenly couldn't believe my eyes.
I saw our neighbour, Mr Collins, in his garden. He had dug a deep hole under their large apple tree. I could see through the kitchen window that his daughter,

Lisa, was sitting at the table, crying her eyes out. Mr Collins went back in, only to appear again seconds later. My heart started beating really fast when I saw him dragging a big, heavy, black plastic bag towards the hole. Automatically, my eyes started to search for Mrs Collins, but I couldn't spot her anywhere. Lisa came outside screaming "Mum!" – at least that is what I heard. Her dad turned around and rushed her back into the house. I was so scared that I could barely move at first. What was in that bag? Where was Mrs Collins? Did I just watch a murderer getting rid of his wife's dead body? I ran down the stairs to tell my parents what I had just witnessed. After they had stopped laughing, they told me that our neighbours' giant greyhound had died the day before, and that Mrs Collins had told them a few minutes before that they were going to bury him under his favourite tree. *(196 words)*

E INTERPRETING

1 Answer the questions in German.

TIPP

Achte darauf, dass du bei dieser Aufgabe die Fragen auf Deutsch beantwortest. Dabei geht es nicht um eine wörtliche Übersetzung, sondern vielmehr um die korrekte Wiedergabe des Inhalts, den du sprachlich meist auf verschiedene Weisen ausdrücken kannst. Es hilft, wenn du jeder Frage eine Farbe zuordnest und die Textstellen mit der entsprechenden Farbe markierst.

Hinweise zu den Lösungen

a Im Text werden vier Unternehmungen vorgeschlagen (vgl. Z. 7–19), von denen du aber nur zwei zu nennen brauchst. Entscheide dich für die beiden Aktivitäten, bei denen es dir am leichtesten fällt, sie auf Deutsch wiederzugeben.

b "As the unemployment rate in New Zealand is low, the economy is very happy about working travellers." (Z. 26–28)

c "[A] WHV, a Working Holiday Visa, [...] enables you to stay in New Zealand for up to 12 months. It's up to you how much time you spend working." (Z. 30–32) Du musst beide Aspekte nennen, um den Punkt zu erhalten.

d Auch hier ist es sehr wichtig, die Arbeitsanweisung genau zu lesen, denn der Text liefert dir etliche Details, von denen du lediglich zwei nennen musst.

a *Mögliche Antworten (zwei davon müssen genannt werden):*

- eine Stadt/Städte wie Auckland oder Wellington erkunden
  oder: Auckland oder die Hauptstadt Wellington besichtigen

- den Filmset von „Der Herr der Ringe“ und „Der Hobbit“ besuchen
  oder: am Filmset von „Der Herr der Ringe“ und „Der Hobbit“ in die Fantasiewelt von Tolkien/Tolkiens Büchern eintauchen
- ein Rugby-Spiel anschauen
- die Kultur der Maori kennenlernen
  oder: einen Haka anschauen
  oder: Traditionen der indigenen Bevölkerung Neuseelands kennenlernen

b da die Arbeitslosenquote niedrig ist, sind Arbeitswillige gern gesehen/werden Arbeitswillige gern eingestellt
oder: Grund: niedrige Arbeitslosenquote/aufgrund der niedrigen Arbeitslosenquote

c
- man darf bis zu 12 Monate im Land/in Neuseeland bleiben
- man darf dort arbeiten

d *Mögliche Antworten (zwei davon müssen genannt werden):*
- man muss zwischen 18 und 30 Jahre alt sein
- man braucht einen gültigen Reisepass
- man braucht eine Krankenversicherung
- man muss ein Rückflugticket haben oder genügend Geld für den Rückflug nachweisen können

2 Teens around the Globe

TIPP

In diesem Kennenlerngespräch sollst du zwischen Ann, deiner englischsprachigen Reiseführerin, und deinen Eltern dolmetschen. Achte darauf, dass du die Informationen immer in die richtige Sprache überträgst. Informationen können entfallen, wenn sie überflüssig sind.

Hinweise zu den Lösungen

a Da den Eltern klar ist, dass der Name des Programms „Teens around the Globe“ heißt, kannst du dieses Detail auch weglassen.

b Du kannst Fragen indirekt oder direkt formulieren. Achte darauf, dass du bei indirekten Fragen die Regeln der indirekten Rede einhältst. Nachdem es hier darum geht, wie oft Ann diese Reise bisher schon geführt hat, brauchst du das „present perfect“.

c Anns Äußerung ist relativ lang und enthält viele Details. Die Punktzahl für diesen Teilbereich gibt dir einen Anhaltspunkt, dass du hier mehr Informationen als sonst in die andere Sprache übertragen musst.

d Es müssen beide Aspekte genannt werden, nämlich die Fischallergie und die Frage, ob sie ein Problem darstellt.

e Auch hier sind zwei inhaltliche Aspekte relevant: Die Hotels wurden über die Allergie informiert und der zweite Reiseleiter ist Sanitäter, der im Notfall weiß, was zu tun ist.

f In deiner Frage solltest du herausstellen, dass du wissen möchtest, was du auf jeden Fall einpacken solltest. Im Englischen kannst du dies z. B. durch „definitely“ oder „for sure“ ausdrücken.

g Auch hier gibt dir die Punktzahl einen Hinweis darauf, dass deine Antwort etwas ausführlicher ausfallen sollte. Um beide Punkte zu bekommen, solltest du sowohl Anns Tipp nennen, ein Tagebuch einzupacken, als auch Anns eigene Erfahrungen mit Tagebüchern erwähnen.

a Ann freut sich darauf, mir ihr Heimatland zu zeigen. Sie möchte wissen, ob wir Fragen zu dem Programm haben.
oder: Ann freut sich darauf, mir Guyana zu zeigen. Habt ihr noch Fragen zu dem Programm?

b My mother would like to know how many tours you have already done as a guide.
or: How many tours have you already been on as a guide?

c Ann hat schon ganz viel Erfahrung. Das ist ihre siebte Tour in Guyana und sie hat auch schon welche in (den Nachbarstaaten) Brasilien und Venezuela durchgeführt. In ihrer Ausbildung zur Reiseleiterin musste sie eine Prüfung machen und als Touristin an zwei Reisen teilnehmen.
oder: Ann arbeitet seit drei Jahren als Reiseleiterin in Guyana, Brasilien und Venezuela. Das ist ihre siebte geführte Reise in Guyana. Die Firma verlangt außerdem von allen ihren Mitarbeiterinnen und Mitarbeitern, dass sie an zwei Reisen als Touristinnen oder Touristen teilnehmen und eine Prüfung absolvieren, bevor sie selbst Reisen leiten können.

d I'm allergic to fish. Will that be a problem?
or: Do you know about my fish allergy? Is the allergy a problem?

e Sie weiß Bescheid und alle Hotels, in denen wir übernachten werden, wurden informiert. Für den Notfall steht Toby bereit; er ist der zweite Reiseleiter und gleichzeitig auch (ausgebildeter) Rettungssanitäter.

f Is there anything I should definitely take with me to Guyana?
or: Would you recommend anything I should pack for sure?

g Ich soll ein Tagebuch mitnehmen, um meine Erlebnisse aufzuschreiben und später alles nachlesen zu können. Das hat Ann bei ihren eigenen Reisen auch getan. Beim Lesen stößt sie ab und zu auf Dinge, die sie bereits wieder vergessen hat.
oder: Ann empfiehlt mir, ein Tagebuch einzupacken. Sie selbst hat die Erfahrung gemacht, dass man Erlebnisse schnell vergisst. Wenn ich aber Tagebuch führe, kann ich später alles nachlesen.

PRÜFUNGSAUFGABEN

Text The Great Barrier Reef in danger

Located off the coast of Queensland, the Great Barrier Reef (GBR) is home to thousands of species, for example jellyfish, sharks and sea snakes. There are more than 30 species of whales and dolphins and the most beautiful fish you could imagine. The reef is famous for its high number of corals and for its bright and beautiful colours. It has been Australia's main tourist attraction for years, generating a profit of up to 6 billion Australian dollars and creating about 64,000 jobs.

© Vlad61. Shutterstock

But all this could come to an end soon because the GBR seems to be dying. According to the latest scientific reports, a phenomenon known as coral bleaching is destroying the reef faster than anyone had expected, possibly leading to a total collapse by 2030.

Experts agree that the bleaching of corals is a natural response to environmental stress. Corals have a close relationship with algae. Algae are important for the survival of corals because they feed them through photosynthesis. Moreover they give corals their brilliant colours. Due to global warming, rising sea temperatures over the past 30 years have put corals to thermal stress. Too much heat means corals and algae separate, the algae taking the colour with them. The result is white coral skeletons, which give the bleaching phenomenon its name. If corals go for too long without algae, coral bleaching can lead to the corals' death. A satellite picture of Australia's east coast clearly shows that large sections of the GBR have already gone completely white.

"This will change the GBR forever," said Terry Hughes, an Australian coral scientist. The bleaching has been his worst nightmare and his research trip to the GBR has been the saddest trip of his life. Hughes feels angry with the Australian government, who he thinks should have acted sooner to prevent the current situation.

In addition to the biggest threat[1], global warming, there are even more dangers for the species living on the GBR. One of them is pollution which is caused by intensive farming. So fertilisers[2], pesticides and herbicides get into the sea via local rivers. To make things worse chemicals from mining activities get into the ocean, too and harm marine organisms.

In 2015, the Australian minister Greg Hunt gave the green light to expand a coal port[3] next to the GBR which would then become the largest in the world. Its construction will make it necessary to throw 1 million cubic metres of earth and rock into the GBR waters. This could damage seagrass beds and therefore shorten the main food source for some marine animals.

The GBR's ecosystem may have a chance if these extra threats could be stopped or at least reduced. Areas where threats have been banned or limited have recovered from damage. It is therefore up to the Australian government to wake up and act. But since global warming is not likely to be stopped very soon, it might be too late for the corals.

So Australia's main tourist attraction is in danger. A new survey recently found out that tourists would spend their holidays somewhere other than Australia if the bleaching continued. *(528 words)*

Adapted from: 'Read on' (08/2016), Eilers & Schünemann Verlag KG, Bremen; https://www.theguardian.com/environment/2016/jun/21/great-barrier-reef-tourists-will-go-elsewhere-if-bleaching-continues-poll (08. 02. 2017); https://www.gbrmpa.gov.au/about-the-reef/facts-about-the-great-barrier-reef (11. 05. 2017); https://www.theguardian.com/environment/2017/apr/10/australias-politicians-have-betrayed-the-great-barrier-reef-and-only-the-people-can-save-it (11. 05. 2017); https://oceanservice.noaa.gov/education/kits/corals/coral02_zooxanthellae.html (20. 09. 2017)

1 threat – *Bedrohung*
2 fertilisers – *Düngemittel*
3 coal port – *Kohlehafen*

A TEXT-BASED TASKS 25

1 Decide whether the following statements are right or wrong. (2)

a Algae make corals colourful.

b Global warming is responsible for the thermal stress of the corals.

c By expanding the coal port next to the GBR there will be more food for the marine animals.

d Some parts of the GBR have already recovered.

2 Match the people with the statements according to the text. (4)

Two statements do not match.
Example: 5 – g

① Greg Hunt

② a scientist

③ a farmer

④ a tourist

a "The result of my last study shows that it's important to act as soon as possible to help the ecosystem."

b "I will continue visiting this country even if the ecosystem suffers from further damage."

c "I won't come here again if the GBR isn't alive anymore."

d "Building industrial sites is good for our economy."

e "I've always used agricultural chemicals and will use them in the future."

f "The corals will profit from the construction process."

3 Finish the sentences using the information from the text. (5)

a Many species of marine animals … (1)

b Coral bleaching is the reason … (2)

c Looking at satellite pictures of Australia's east coast … (2)

4 Answer the questions in complete sentences. (8)

a Why is the Great Barrier Reef economically important for Australia? (2 items)

b Why is Terry Hughes angry?

c How does agriculture affect the GBR?

d What are 1 million cubic metres of earth and rock needed for?

5 Ask questions. (6)

You meet Mr Black, a member of a group that wants to save the reef.
Ask him **four** questions about the group's work and activities.
Use **four** different question forms.

1 Find words or expressions in the text that mean more or less the same. (3)

a reaction (lines 16–25)
b worldwide (lines 16–25)
c not long ago (lines 40–47)

2 Find the opposites. (3)

a high (line 7)
b worse (line 33)
c continued (line 47)

3 Explain two of the following words in complete sentences. (4)

a famous (line 7)
b experts (line 16)
c to ban (line 41)

4 Vocabulary – Grammar (11)

Read the text. Find the suitable forms of the words and write them down.

Facts about Australia

Australia is an ______ democracy with a population of more than 22 million. It is one of the world's most urban-	**a** independence
ised __________, with about 70 percent of the population	**b** country
__________ in the ten largest cities. Australia is also a multi-	**c** live
cultural ___________ with people from almost 200 nations.	**d** social
Australian English does not differ ___________ from other forms of English, although some colloquial and slang	**e** significant
________ are unique.	**f** express

Australia's national day, _______ is celebrated on 26 January, marks the date in 1788 when Captain Arthur Phillip	**g** ?
_______ into Port Jackson.	**h** sail
This day _______ 'Australia Day'.	**i** call
One of the earliest exported goods was wool. Since then a more diverse export industry _______.	**j** develop
Tourism and _________, as well as producing and selling high quality food and wine are also important for the Australian economy.	**k** educate

Adapted from: http://www.about-australia.com/australia-in-brief (31. 05. 2017)

C CREATIVE WRITING

27

1 Give your opinion. (9)

Choose **one** of the following statements and write about 60 words.

a Smartphones are helpful gadgets.

b Online shopping kills local shops.

c Doing sport in a group is more fun than exercising alone.

2 Choose task a) or b). Do <u>not</u> work on both tasks. (18)

a Write an e-mail.
You have found an advert on the internet about an international summer camp in England. The organizers are looking for teenagers aged 16 to 19 who are able to work with children. Send your application to:

teens@internationalsummercampuk.com

Write about 120 words.

b Write an article.
Write an article for your school magazine. Use the following heading:

The most exciting day of my school life

Write about 120 words.

1 Pass on the information. (6)

Read the text and answer the questions in English.
You do not have to write complete sentences.

a Where does the food in our supermarkets come from? (1)

b What kind of goods do we import from Asia? (2 items) (1)

c Why are different means of transport used for different goods? (2 items) (2)

d How do products get from Hong Kong to Germany? (1)

e How might global transport develop? (1)

Text **Rund um die Welt – Die Reise von Gütern und Waren**

Unsere Lebensmittel, die wir tagtäglich im Supermarkt kaufen, kommen von überall auf der Welt. Und nicht nur sie – auch viele andere Waren kommen von weit her, z. B. Kleidung und elektronische Geräte aus Asien, Fliesen aus Süditalien oder Blumen aus Afrika. Die Waren gelangen auf den unterschiedlichsten Wegen zu uns: per Flugzeug, per Schiff, per Bahn und per LKW – je nachdem, woher sie kommen und wie schnell sie am Ziel sein sollen. Transport- und Logistikunternehmen müssen dabei weit mehr leisten als Kisten schleppen, Stapler fahren und Züge oder Schiffe bereitstellen. Sie müssen komplizierte Lieferketten knüpfen, sie organisieren und ausführen, weltweit.

Schuhe und Notebooks aus Asien werden z. B. per Schiff von Hongkong nach Dubai transportiert, wo die Fracht zum internationalen Flughafen gebracht wird. Die Waren werden gescannt, geröntgt, gewogen, gemessen, verzollt, verladen und nach Deutschland geflogen.

Aktuelle Studien prognostizieren eine Zunahme des globalen Güterverkehrs. Mit diesem Wachstum eng verbunden sind umwelt- und klimapolitische Herausforderungen: Der Verkehr ist schon heute für rund 20 % der CO_2-Emissionen weltweit verantwortlich und verbraucht rund 70 % der endlichen Ressource Mineralöl.

Mehr wissen über Recycling. Stiftung Lesen, Mainz 2015, S. 2, https://www.stiftunglesen.de/download.php?type=documentpdf&id=1586. Aus didaktischen Gründen leicht verändert.

2 Mediation (11)

You and your parents take part in a guided tour of Sydney. As your parents do not understand English well, you help.

Guide: Welcome to Sydney everybody! This is Australia's most well-known city with fantastic sights and lots of parks and beaches.

Dad: Was hat er über Sydney gesagt?

a You: ______________________________

______________________________ (2)

Guide: Even though Sydney is Australia's largest city, it's not the capital. First of all we'll look at the Harbour Bridge[1].

b You: ______________________________ (1,5)

Dad: Ich habe im Reiseführer gelesen, dass es möglich ist, die Harbour Bridge auf einer besonderen Tour kennenzulernen. Frag ihn bitte mal, ob das stimmt.

c You: ______________________________ (1,5)

Guide: Oh yes! They offer three different kinds of climbing tours that take you to the top of the bridge.

d You: ______________________________ (1)

Mum: Ist denn die Harbour Bridge die berühmteste Sehenswürdigkeit in Sydney?

e You: ______________________________ (1)

Guide: Oh no, I'd say the number one is definitely the Sydney Opera House[1]. It is a very impressive building looking like a sailing boat, designed by a famous Danish architect. Lots of freshly married couples go there to have their pictures taken.

f You: ______________________________

______________________________ (3)

Guide: Now you can have a closer look at the Sydney Opera House. We'll meet again in 30 minutes.

g You: ______________________________ (1)

1 muss nicht übertragen werden

Adapted from: www.raabe.de/go/?action=DocDownload&doc_id=4926975 (09. 02. 2017)

A TEXT-BASED TASKS

1 Decide whether the following statements are right or wrong.

TIPP

In der Prüfung 2018 sollst du entscheiden, ob die **Aussagen zum Text richtig oder falsch** sind. Falsche Aussagen müssen nicht verbessert werden. Es genügt somit, ein „right/true“ bzw. „wrong/false“ zu notieren.

Hinweise zu den Lösungen

a “Moreover [algae] give corals their brilliant colours.” (Z. 18/19)

b Im Anschluss wird darauf hingewiesen, dass die globale Erwärmung verantwortlich ist für die erhöhte Wärmebelastung und somit für die Korallenbleiche: “Due to global warming, rising sea temperatures […] have put corals to thermal stress.” (Z. 19/20)

c Gerade das Gegenteil könnte der Fall sein: “This could damage seagrass beds and therefore **shorten** the main food source for some marine animals.” (Z. 38/39) Das Verb „(to) shorten“ bedeutet hier „verringern“ oder „vermindern“.

d Dass sich bereits Teile des Riffs erholt haben, erfährt man in den Zeilen 41 und 42: “Areas where threats have been banned or limited have recovered from damage.”

a right

b right

c wrong

d right

2 Match the people with the statements according to the text.

TIPP

Bei dieser Aufgabe geht es darum, den einzelnen Personen Aussagen zuzuordnen, wobei zwei der Aussagen übrigbleiben. Es genügt, jeweils die Zahl und den zugehörigen Buchstaben zu notieren.

Hinweise zu den Lösungen

① In den Zeilen 35/36 wird ausgeführt, dass Greg Hunt der Erweiterung eines Kohlehafens in Riffnähe zugestimmt hat, sodass dieser weltweit der größte seiner Art sein würde. “Greg Hunt gave the green light to expand a coal port next to the GBR which would then become the largest in the world.” Anhand dieser Information sieht man deutlich, dass Greg Hunts Hauptaugenmerk als Minister auf Industrie und Wirtschaft liegt und nicht etwa auf Umweltschutz oder der Erhaltung des Riffs.

② Wissenschaftler*innen bzw. deren Forschungsergebnisse werden in zwei Absätzen erwähnt, für die Zuordnung der Aussage genügen aber die Zeilen 12–14. In diesem Absatz wird klar darauf hingewiesen, dass die Zeit drängt und dem Riff möglichst schnell geholfen werden muss: “According to the latest scientific reports, a phenomenon known as coral bleaching is destroying the reef **faster** than anyone had expected [...]”

③ „Farming“ wird im fünften Absatz erwähnt. Hier wird deutlich, dass in der Landwirtschaft verschiedene Chemikalien benutzt werden, die über Flüsse ins Meer gelangen: “[...] pollution which is caused by intensive farming. So fertilisers, pesticides and herbicides get into the sea via local rivers.” (Z.31–33)

④ “A new survey recently found out that tourists would spend their holidays somewhere other than Australia if the bleaching continued.” (Z. 45–47) Bei dieser Teilaufgabe wird deutlich, wie wichtig der Textbezug ist, denn es gibt sicherlich auch Reisende, die kein Interesse am GBR haben und Australien trotzdem weiterhin als Urlaubsziel in Erwägung ziehen werden, auch wenn die Zerstörung des Riffs weiter voranschreitet. Diese Einstellung, die in Aussage b zum Tragen kommt, findet sich nicht im Text wieder. Antwort b ist somit falsch.

① Greg Hunt	**d**	② a scientist	**a**
③ a farmer	**e**	④ a tourist	**c**

3 Finish the sentences using the information from the text.

TIPP

Hier sollst du die gegebenen Satzanfänge mit Informationen aus dem Text vervollständigen. Da die Sätze inhaltlich den Informationen des Textes entsprechen müssen, gleichzeitig aber auch grammatikalisch korrekte Sätze entstehen sollen, können oftmals nicht einfach Textstellen abgeschrieben werden. Schreibe den Satzanfang nicht ab, sondern beginne mit „...“, da du für Fehler, die beim Abschreiben passieren können, Abzug bekommst.

Hinweise zu den Lösungen

a Hier kann man sich sowohl auf den ersten Abschnitt beziehen und darauf eingehen, dass viele Meeresbewohner am Riff leben, oder man bezieht sich auf den dritten, fünften oder sechsten Absatz, in denen steht, dass die Tiere aufgrund der Erderwärmung, der Landwirtschaft, des Bergbaus und der Erweiterung des Kohlehafens in Gefahr sind.

b Es gibt verschiedene Möglichkeiten, diesen Satz zu vervollständigen. Die zugehörigen Informationen findet man in den Zeilen 12–15, 22–29 und 45–47. Überall dort ist das Phänomen des „coral bleaching“ wörtlich erwähnt und kann somit leicht gefunden werden. Es ist hier wichtig, darauf zu achten, dass danach gesucht wird, was durch die Korallenbleiche ausgelöst wird, und nicht nach den Ursachen dieses Phänomens.

c „A satellite picture“ wird in den Zeilen 23/24 erwähnt. Dementsprechend findest du die für die Antwort relevante Information in den Zeilen 23 bis 25.

a … live on the GBR/Great Barrier Reef.
or: … are in danger.
or: … are threatened by global warming and pollution.
or: … will/might lose their main food source.

b … why the reef could/might collapse by 2030.
or: … why the reef is (being) destroyed faster than anyone/scientists had expected.
or: … why corals (can) die.
or: … why large parts/sections of the GBR look completely white.
or: … why scientist Terry Hughes is sad and angry.
or: … why Terry Hughes feels angry with the Australian government.
or: … why tourists might stay away.

c …, you can see large white sections of the GBR.
or: …, it becomes clear that large sections of the GBR have already gone completely white.
or: …, it is evident that big parts of the Great Barrier Reef have already turned completely white.

4 Answer the questions in complete sentences.

TIPP

Bei dieser Aufgabe sollst du Fragen zum Text in ganzen Sätzen beantworten.

Hinweise zu den Lösungen

a Bei dieser Frage werden zwei „items" verlangt; du musst also zwei Aspekte nennen, warum das GBR **wirtschaftlich bedeutend** für Australien ist. Am Ende des ersten Absatzes befasst sich der Text mit den wirtschaftlichen Aspekten des Riffs. Neben der Stellung als Hauptattraktion für Touristen (vgl. Z. 9/10 und Z. 45) werden andere wirtschaftliche Aspekte, wie die Schaffung von Arbeitsplätzen und der Umsatz, den das Riff einbringt, in den Zeilen 10/11 erwähnt. Da es sich um allgemeingültige Aussagen handelt, sollte die Antwort im „simple present" formuliert werden. Lass dich durch die „-ing-forms" im Text nicht verwirren.

b Die Antwort findest du in den Zeilen 28 und 29. Du kannst sie entweder fast wortwörtlich übernehmen (siehe Lösungsvorschlag 3) oder du verkürzt den Satz etwas. Wichtig ist, herauszustellen, dass Terry Hughes wütend ist, weil die australische Regierung seines Erachtens früher hätte handeln sollen bzw. weil diese zu spät eingegriffen hat.

c Die Rolle der Landwirtschaft wird in den Zeilen 31 bis 33 erwähnt. Hier kann man einen Großteil des Satzes übernehmen und muss diesen lediglich minimal anpassen. Die Satzteile in Klammern können auch weggelassen werden.

d Die Antwort findet man in den Zeilen 36 bis 38. Die Frage muss auf jeden Fall mit einer Passivkonstruktion im „simple present" beantwortet werden, da das Material ins Meer geworfen **wird**.

a – It attracts a lot of/lots of tourists.
or: It is a very popular tourist attraction.
– It creates a lot of jobs/64,000 jobs.
or: It generates a huge profit (of up to 6 billion Australian dollars).

b The (coral) scientist is angry because the (Australian) government should have acted sooner (to save the reef).
or: He is angry because the (Australian) government did not act sooner.
or: He feels angry with the government, who he thinks should have acted sooner to prevent the current situation.

c A lot of pollution is caused by agriculture (, which endangers the GBR and the animals living in it).
or: Fertilisers, pesticides and herbicides (that are used in (intensive) farming) get into the ocean/sea and harm marine organisms.
or: Agriculture causes pollution (, which threatens the GBR).

d The material is needed for the construction of a (bigger/larger) coal port.
or: It is needed to build a (bigger) coal port.
or: It is needed for the expansion of the coal port.

5 Ask questions.

TIPP

In der Prüfung 2018 bezieht sich diese Aufgabe auf den Lesetext und es werden vier Fragen verlangt, die du an Mr Black richten sollst, der einer Gruppe zur Rettung des Riffes angehört. Stelle nur Fragen zur **Arbeit** und zu den **Aktivitäten** der Gruppe. Achte darauf, dass unterschiedliche Fragen gefordert sind, die sich durch **Fragewort**, **Zeitform** und den **Inhalt** unterscheiden. Es können auch **Entscheidungsfragen** (ohne Fragewort) gestellt werden. Die folgenden Fragen sind Beispiele und sollen dir eine Hilfe sein:

Fragen mit Fragewort

- What have you/has your group already done to save the reef?
- What kind of work is the group doing (at the moment)?
- How many hours do you work in order to save the reef?
- What was your most successful activity in the past?
- Where does the group work from?
- How long have you/has your group been trying to save the reef?

Entscheidungsfragen

- Have you already tried to stop the expansion of the coal port?
- Will you be able to stop the expansion of the coal port?
- Do you (usually) work in teams or alone?
- Do you often have meetings to discuss further/future activities?
- Has the group already organised a protest?
- Is taking part in your activities dangerous?/
  Is it dangerous to take part in your activities?

B USE OF LANGUAGE

TIPP

Bei den ersten drei Aufgaben gibt es einen direkten Bezug zum Ausgangstext „The Great Barrier Reef in danger“. Aufgabe 4 ist ein lesetextunabhängiger Lückentext, der aber auch von Australien handelt.

1 Find words or expressions in the text that mean more or less the same.

TIPP

Hinweise zu den Lösungen

a Das Nomen findest du in Zeile 16. Es bedeutet hier „Reaktion".

b Hier musst du genau lesen, denn das Adjektiv ist Teil des feststehenden Ausdrucks „global warming". Das Wort findest du in Zeile 19.

c Dieses Adverb mit der Bedeutung „kürzlich / vor Kurzem" findest du in Zeile 45.

a response

b global

c recently

2 Find the opposites.

TIPP

Hinweise zu den Lösungen

a Hier ist die große Anzahl an Korallen gemeint; dementsprechend kannst du sowohl „small" als auch „low" als gegenteilige Adjektive anführen.

b Da es sich bei „worse" um den Komparativ handelt, muss dieser auch beim Gegenteil stehen. Das Gegenteil von „schlechter" ist „besser", also ist „better" die englische Entsprechung.

c Da „continued" im „simple past" steht, muss auch das Gegenteil im „simple past" angegeben werden.

a small
or: low

b better

c stopped
or: ended

3 Explain <u>two</u> of the following words in complete sentences.

TIPP

In dieser Prüfung sollst du **zwei** der drei **Begriffe** in vollständigen Sätzen erklären. Die Aufgabenstellung „explain" bedeutet, dass ein Wort definiert, ein Synonym oder ein Gegenteil im Satz verwendet oder ein Beispielsatz, aus dem die Bedeutung hervorgeht, notiert werden soll.

Hinweise zu den Lösungen

a Bei der Erklärung von „famous" bietet es sich an, entweder eine Definition des Adjektivs oder aber ein Beispiel zu geben.

b Hier kann man sowohl eine Definition geben als auch ein Synonym benutzen.

c Auch hier kann man sowohl eine Definition als auch ein Beispiel geben, um die Bedeutung des Wortes zu verdeutlichen.

a If you are famous, many people know who you are.
or: A famous person usually has a special talent and is known by many people.
or: Something is famous if a lot of people have heard of it.
or: New York is famous for its skyscrapers.
or: Ronaldo is a famous football player.

b Experts are people who know a lot about a special topic.
or: Experts are people who have special skills or knowledge in a particular field or subject.
or: Expert is another word for specialist.

c If something is banned, it is forbidden/not allowed/prohibited.
or: If something is banned, you are no longer allowed to use or do it.
or: In Germany, smoking is banned in public places.

4 Vocabulary – Grammar

TIPP

Hinweise zu den Lösungen

a Das Nomen „independence" muss zu einem Adjektiv umgeformt werden, da es sich auf „democracy" bezieht und die Form der Demokratie näher beschreibt.

b Hier muss der Plural verwendet werden, da es sich um eines der am stärksten verstädterten Länder der Welt handelt. Bildet man von „country" die Mehrzahl, muss aus dem „-y" ein „-i" werden, an das die Endung „-es" angehängt wird, da das „-y" hinter einem Konsonanten (hier: „r") steht.

c Hier musst du das Partizip einsetzen, weil es sich um einen verkürzten Nebensatz handelt.

d In dieser Lücke fehlt ein Nomen, das durch das Adjektiv „multicultural“ näher beschrieben wird. Das Nomen von „social“ ist „society“. Das solltest du dir unbedingt merken.

e Diesen Satz musst du durch ein Adverb ergänzen, da sich die Lücke auf das Verb „(to) differ“ bezieht. Die meisten Adverbien werden gebildet, indem du wie hier einfach „-ly“ an das Adjektiv anhängst.

f Auch in diese Lücke gehört ein Nomen, das durch die Adjektive „colloquial“ und „slang“ näher beschrieben wird. Durch die Verbform „are“ nach der Lücke ist klar, dass das Nomen im Plural stehen muss.

g In diesem Satz fehlt das Relativpronomen, das sich auf „Australia's national day“ bezieht. Da es sich um eine Sache handelt, die in einem sogenannten „nicht notwendigen Relativsatz“ näher beschrieben wird, musst du hier „which“ einsetzen. Einen nicht notwendigen Relativsatz erkennst du daran, dass er durch Kommas vom Hauptsatz abgetrennt ist. Er gibt zusätzliche Informationen, die für das Verständnis des Hauptsatzes nicht notwendig sind. Das Relativpronomen „that“ kann zwar auch für Sachen verwendet werden, es darf jedoch nur in notwendigen Relativsätzen (ohne Kommas) benutzt werden.

h In dieser Lücke fehlt ein Verb. Die Zeitangabe „in 1788“ ist ein klares Signalwort für das „simple past“.

i Hier ist es notwendig, das Verb ins Passiv zu setzen, denn der Tag **wird** als „Australia Day“ bezeichnet. Da es sich um eine allgemeingültige Aussage handelt, musst du das „simple present“ verwenden.

j In diesem Satz ist „since“ das entscheidende Signalwort, das eindeutig auf das „present perfect“ verweist, da der Vorgang in der Vergangenheit begonnen hat und noch andauert bzw. Auswirkungen auf die Gegenwart hat.

k Da es sich hier um eine Aufzählung von Nomen handelt („tourism and …“), muss in die Lücke ein Nomen eingesetzt werden.

a independent
b countries
c living
d society
e significantly
f expressions
g which
h sailed
i is called
j has developed
k education

C CREATIVE WRITING

1 Give your opinion.

TIPP

Bei dieser Aufgabe suchst du dir **eine** Aussage aus und stimmst zunächst zu oder widersprichst. Dann begründest du deine Entscheidung. In der Prüfung 2018 gilt die Vorgabe, dass du zwischen 50 und 80 Wörter schreiben sollst. Mögliche Ausdrücke, um Zustimmung oder Ablehnung zu formulieren, findest du hier:

- **Zustimmung:** That is right. / That is correct. / I think so. / I agree (with this statement). / I am of the same opinion. / That is true.
- **Ablehnung:** I do not agree. / I disagree (with this statement). / I do not think so. / That is wrong. / That is not right. / That is incorrect. / I am not of the same opinion.

Wenn du dich nicht entscheiden kannst, besteht die Möglichkeit, dies mit „It depends …“ oder „On the one hand … On the other hand …“ auszudrücken und damit zu zeigen, dass es darauf ankommt und dass du einerseits zustimmst, andererseits aber der Aussage kritisch gegenüberstehst.

a I completely agree with this statement because smartphones have lots of helpful features that make life easier. For example, they can help you find your way around, or you can take pictures with them, calculate things, communicate with your friends and family or call for help in an emergency. If you do not spend too much time on your smartphone, these helpful gadgets have lots of advantages. However, people should not forget how important face-to-face communication is in everyday life. *(80 words)*

b I agree. Nowadays, when most people want to buy something, they simply order it on the internet with a few clicks instead of walking from shop to shop, because it is easier and faster. Moreover, online shops are often cheaper than local shops. Buying clothes online is no problem either because you can send them back for free if they do not fit. These are some of the reasons why lots of local shops have to close their doors forever. *(80 words)*

c I think this statement is absolutely right. When you do sport with other people, you can talk to and motivate each other. Time passes more quickly and it is always nice to share positive experiences. Moreover, you can easily meet new friends if you join a dance group or a football team, for instance. Personally, I often go mountain biking with my friends, which is great fun. I have tried going on my own, too, but I find it boring. *(80 words)*

2 Choose task a) or b). Do not work on both tasks.

TIPP

In dem folgenden Teil der Prüfung kannst du zwischen zwei Aufgaben wählen. Achte darauf, die Wortzahl einzuhalten, da dir sonst Punktabzug droht. Beachte, dass du in der Prüfung 2018 zwischen 100 und 160 Wörter schreiben sollst.

Hinweise zu den Lösungen

a Hier sollst du dich in einer E-Mail um eine Stelle in einem internationalen Sommerferienlager in England bewerben. Lies dir genau durch, welche Voraussetzungen du erfüllen musst. Da nur wenige Bedingungen genannt werden, solltest du in deinem Schreiben ausführlich darauf eingehen, warum du dich besonders für den Job eignest. Die Stellenausschreibung ist aus dem Internet und du sollst dich auch über das Internet bewerben. Es entfallen somit deine Adresse und die des Adressaten, die üblichen Anreden und Schlussformeln müssen jedoch eingehalten werden.

1 Da in der Aufgabenstellung nur die E-Mail-Adresse angegeben ist, aber kein Name, musst du auch in einer Bewerbung per E-Mail eine entsprechende Anrede verwenden. Sowohl „Dear Sir or Madam" als auch „To whom it may concern" sind möglich.

2 Beginne den ersten Satz nach der Anrede mit einem Großbuchstaben.

3 Eine der genannten Voraussetzungen ist das Alter. Du solltest es in deiner Mail in jedem Fall erwähnen.

4 Du solltest erwähnen, wo du die Stellenanzeige gesehen hast, und erklären, dass du dich um die ausgeschriebene Stelle bewerben möchtest.

5 Nun beziehst du dich auf die Stellenausschreibung. Hebe hervor, dass du bereits Erfahrung im Umgang mit Kindern hast, und führe aus, warum du dich für die Stelle eignest.

6 Du kannst auch noch weitere Gründe angeben, warum du die Stelle antreten möchtest.

7 Denk daran, einen angemessenen Schlusssatz zu schreiben.

8 Englisch ist eine lebende Sprache, was bedeutet, dass sich im Lauf der Zeit Regeln ändern oder neue Wörter hinzukommen können etc. Was die Regeln für E-Mail-Verkehr betrifft, so gibt es nicht so strenge Vorgaben wie z. B. bei Briefen, was Anrede- und Schlussformeln anbelangt. Oftmals wird, wenn der Verfasser einer E-Mail den Adressaten nicht namentlich kennt, anstelle von „Yours faithfully", das etwas schwerfällig wirken kann, „Regards" oder „Best regards" verwendet. Sprich in jedem Fall vor der Prüfung mit deinem Lehrer oder deiner Lehrerin und frage nach, welche Lösungen in einem solchen Fall an deiner Schule akzeptiert werden.

b Du sollst einen Artikel für deine Schülerzeitung zum Thema „The most exciting day of my school life“ schreiben. Es bleibt offen, ob das Magazin in einer Print- oder Webausgabe herauskommt, sodass recht wenige Vorgaben gelten. Dadurch, dass die Überschrift festgelegt ist, fällt ein weiteres wichtiges Kriterium dieser Textsorte weg. Gilt sonst beim Verfassen von Artikeln, dass man möglichst sachlich berichten soll, ist dies bei dieser Themenstellung ebenfalls kein Kriterium, da auf jeden Fall Emotionen gefragt sind, wenn man über den aufregendsten Tag in seinem Schulleben berichtet. Da der Artikel in einer Schülerzeitung veröffentlicht wird, kannst du einen weniger förmlichen Schreibstil verwenden und auch Kurzformen verwenden. Überlege dir, welcher Tag infrage kommt, und versuche, folgende W-Fragen zu beantworten: Was war der aufregendste Tag? Warum war er aufregend? Wie verlief der Tag? Wie hast du dich gefühlt? Wer war dabei? Wann war dieser Tag? …

a Dear Sir or Madam[1],
My[2] name is *(first and last name)* and I am 16 years old[3]. I saw your advert on the internet and I would like to apply for a position at your summer camp in England.[4]
I have always wanted to go to England and I love working with children. I have had some work experience with children because I worked in a kindergarten for one week when I was in Year 9, which I enjoyed very much. I also have two little cousins who are both five years old and I always play with them when I look after them.[5]
My best subjects at school are German and English. I also speak a bit of French, so communication would not be a problem for me either. Working at your international summer camp would be a good chance for me to further improve my language skills.[6]
I am looking forward to hearing from you.[7]
Yours faithfully,[8] *(160 words)*

b **The most exciting day of my school life**
I remember the day as if it were yesterday, even though it was my first day at our school. Everything was new and there were so many people I didn't know, so I was very nervous. In the first break, I went to the canteen to get some food. I stood in line and waited for my turn. Unfortunately, that wasn't as easy as it sounds, because there were lots of older students who shoved and pushed to the front. So after ten minutes I still didn't have anything to eat and I was close to tears.
Suddenly, a really tall boy from Year 10 walked up to me and just lifted me onto his shoulders. At first, I was scared, but he simply carried me to the front of the line and told everyone that "his little friend" needed something to eat right now. Everyone was friendly after that and the boy became like a big brother to me. *(160 words)*

TIPP

Dieser Teil befasst sich mit der Sprachmittlung, also mit einer freien, sinngemäßen Übertragung von Informationen sowohl vom Deutschen ins Englische als auch vom Englischen ins Deutsche. Bei den Teilen, die du auf Deutsch schreibst, werden für Rechtschreib- oder Grammatikfehler keine Punkte abgezogen, bei den Aussagen, die du auf Englisch formulierst, fließen sowohl Grammatik als auch Rechtschreibung sowie die richtige Wortwahl in die Bewertung ein.

1 Pass on the information.

TIPP

Dir liegt ein deutschsprachiger Text über den Weg von Gütern und Waren rund um die Welt vor, zu dem du Fragen auf Englisch beantworten sollst. Wichtig ist hier, dass du keine ganzen Sätze zu schreiben brauchst. Nenne die wesentlichen inhaltlichen Punkte und formuliere so knapp wie möglich. Auf diese Weise erhältst du die Inhaltspunkte, vermeidest aber einen möglichen Abzug von Punkten wegen Fehlern, die dir beim Schreiben langer Sätze unterlaufen könnten.

Hinweise zu den Lösungen

a Die Information findest du bereits im allerersten Satz des Textes.

b Obwohl es nur einen Punkt gibt, werden hier „2 items" gefordert und diese können sowohl durch eine Nennung der allgemeinen Kategorien „Kleidung" und „elektronische Geräte" (Z. 3) erfüllt werden als auch durch konkrete Beispiele, die im Text genannt werden, nämlich „Schuhe und Notebooks" (Z. 10). Wichtig ist, dass du eines dieser Paare nennst. Punktabzug erhältst du, wenn du z. B. „clothes" und „shoes" als Lösung angibst. Ebenfalls wichtig ist, dass „electronic" nicht allein genannt werden darf, sondern ein passendes englisches Nomen, das „Geräte" bedeutet – „devices", „gadgets", „equipment" oder „appliances" –, ergänzt werden muss.

c Auch hier werden zwei Aspekte verlangt, aber in diesem Fall werden auch zwei Punkte dafür vergeben. Es kann nur mit der vollen Punktzahl gerechnet werden, wenn man erwähnt, dass es bei der Wahl des Transportmittels darauf ankommt, „woher [die Waren] kommen **und** wie schnell sie am Ziel sein sollen." (Z. 5/6).

d Hier genügt es, wenn du erwähnst, mittels welcher Transportmittel die Waren von Hongkong nach Deutschland gelangen. Es würde jedoch nicht reichen, einfach nur „ship and plane“ zu schreiben, da danach gefragt wird, **wie** die Produkte nach Deutschland kommen, und somit das „by“ nicht fehlen darf. Alternativ kannst du auch den Handelsweg über Dubai erklären. Die Informationen findest du in den Zeilen 10 bis 13.

e Da hier explizit danach gefragt wird, wie sich der globale Güterverkehr wahrscheinlich verändern wird, kann die richtige Antwort nur lauten, dass dieser (laut Prognosen) zunehmen könnte/wird (vgl. Z. 14).
Wenn man sich bei der Wortwahl im Englischen unsicher ist, bietet es sich immer an, die Begriffe der Frage aufzugreifen und hier beispielsweise „transport“ zu benutzen und auch das Hilfsverb „might“ zu verwenden.

a from all over the world
or: from different countries all over the world

b
- clothes
- electronic devices/electronic gadgets/electronic equipment/electronic appliances

or:
- shoes
- notebooks/laptops

c
- It depends (on) where the goods come from.
- It depends on how fast they have to be transported.
  or: It depends on how fast the goods have to arrive at their final destination.

d by ship and by plane
or: by ship from Hong Kong to Dubai and then by plane to Germany
or: They are sent to Germany via Dubai.

e There might be more (global) transport.
or: There might be an increase in (global) transport.
or: There will probably be a rise in (global) transport.
or: Global transport will probably increase.
or: Global transport might increase.

TIPP

Dies ist eine Aufgabe, bei der du als Dolmetscher*in zwischen deinen Eltern und eurem australischen Reiseführer fungieren musst, da deine Eltern nicht so gut Englisch sprechen. Du sollst hier nicht wortwörtlich übersetzen, sondern lediglich die relevanten Informationen sinngemäß wiedergeben.

Hinweise zu den Lösungen

a Die Kernaussage des Reiseführers ist hier, dass Sydney die **bekannteste Stadt** Australiens mit **fantastischen Sehenswürdigkeiten** ist und es dort viele **Parks** und **Strände** gibt. Du kannst die Aussage auch, wie im zweiten Lösungsvorschlag, als indirekte Rede formulieren. Wenn zentrale Begriffe fehlen oder falsch benutzt werden, gibt es Punktabzug. Eine Übersetzung von „Welcome to Sydney everybody!" ist nicht nötig, weil der Vater nur wissen will, **was** über Sydney gesagt wird.

b Die zentralen Aussagen des Reiseleiters sind hier, dass es sich bei Sydney um die **größte Stadt**, aber **nicht** um die **Hauptstadt** handelt. Außerdem musst du darauf eingehen, dass zuerst die **Harbour Bridge** auf dem Programm steht. Wichtig ist hier, dass du das Personalpronomen „wir" unverändert lassen kannst, da du selbst Teilnehmer*in der Tour bist. Den Namen der Brücke sollst du, wie in der Fußnote angegeben, nicht übersetzen.

c Hier genügt es völlig, wenn man danach fragt, ob es eine spezielle Tour gibt, die Harbour Bridge kennenzulernen. Dass der Vater dies in einem Reiseführer gelesen hat und wissen möchte, ob es stimmt, ist hier eher nebensächlich. Du kannst diese zusätzlichen Informationen zwar wie in Lösungsvorschlag 3 erwähnen, musst aber besonders aufpassen, dass dir keine Fehler unterlaufen.

d Es ist wichtig, dass es sich um **Klettertouren** handelt und es davon **drei** verschiedene gibt, die **zum höchsten Punkt der Brücke** führen.

e Da die Frage nach der **berühmtesten** Sehenswürdigkeit gestellt wird, muss der Superlativ stehen, in diesem Fall also „most famous".

f Diese Aussage ist sehr lang. Dementsprechend sind auch viele Informationen relevant, was man besonders an der hohen Punktzahl sieht. Nur sehr selten werden drei Punkte für eine Aussage vergeben. Hier sind folgende Informationen zu erwähnen: „the number one is […] the Sydney Opera House", es ist ein „impressive building", es sieht aus wie ein „sailing boat", das von einem „Danish architect" entworfen wurde und wo „lots of freshly married couples […] have their pictures taken", wobei beim letzten Punkt entscheidend ist, dass sie Fotos machen **lassen**. Achte also auf die richtige Konstruktion im Englischen: „**have** their pictures taken".

g Achte auf die richtige Perspektive: Auch in diesem Fall ist „wir" das korrekte Personalpronomen.

a Sydney ist die bekannteste Stadt Australiens mit großartigen/fantastischen Sehenswürdigkeiten und vielen Parks und Stränden.
oder: Er sagt, Sydney ist die bekannteste Stadt Australiens, in der es tolle Sehenswürdigkeiten und viele Parks und Strände gibt.

b Obwohl Sydney die größte Stadt Australiens ist, ist sie nicht die Hauptstadt des Landes. Als Erstes erzählt er uns etwas zur/über die Harbour Bridge.
oder: Zwar ist Sydney die größte Stadt Australiens, aber (sie ist) nicht die Hauptstadt. Als Erstes schauen wir uns die Harbour Bridge an.
oder: Er sagt, dass Sydney zwar die größte Stadt, aber nicht die Hauptstadt von Australien ist und dass wir uns zuerst die Harbour Bridge anschauen (werden).

c Is it possible to do/take/go on a special tour (to visit the Harbour Bridge)?
or: Is there a special tour to see the Harbour Bridge?
or: My dad/father read in a guidebook that there are special tours to see the Harbour Bridge and he wants to know if that's/that is true.

d (Ja.) Es gibt drei verschiedene Klettertouren, die alle bis zum höchsten Punkt der Brücke führen.
oder: Er sagt, dass es drei verschiedene Klettertouren gibt, die alle bis an die höchste Stelle der Brücke führen.
oder: Es werden drei Klettertouren angeboten, die alle bis ganz nach oben auf die Brücke führen.

e Is the Harbour Bridge the most famous sight in Sydney?
or: My mum/mother wants to know whether/if the Harbour Bridge is the most famous sight in Sydney.

f Die Nummer eins (unter den Sehenswürdigkeiten) ist auf jeden Fall das Sydney Opera House, ein eindrucksvolles Gebäude eines dänischen Architekten, das wie ein Segelboot aussieht. Dort lassen sich viele Brautpaare/frisch getraute Paare/frisch Vermählte fotografieren.
oder: Er sagt, dass dies nicht so sei und dass er sagen würde, dass die Nummer eins definitiv das Sydney Opera House ist. Er betont, dass es ein beeindruckendes Gebäude ist, das wie ein Segelschiff aussieht und von einem dänischen Architekten entworfen wurde. Außerdem lassen sich dort viele frisch vermählte Paare fotografieren, wie er sagt.

g Wir können uns jetzt das Sydney Opera House (selbstständig) anschauen.
In 30 Minuten treffen wir uns dann wieder.
oder: Er sagt, dass wir uns jetzt das Sydney Opera House näher ansehen können und dass wir uns in einer halben Stunde wieder treffen.

Text Bye Bye Plastic Bags

"Welcome to Bali," the Balinese sisters Melati and Isabel Wijsen say, hands pressed together in the Balinese greeting gesture. "Do you have any plastic bags to declare[1]?" The sisters ask visitors this question when arriving at Bali's International Airport. Melati and Isabel dream of a day when plastic bags will be illegal in Bali. "We want people to arrive on the island and there will be no plastic bags," Melati says.

In the old days Balinese people only used organic materials leaving no waste behind. But today the island is covered with rubbish. Much of the rubbish in Bali is not collected, some of it is burnt and pollutes the air heavily, some is simply dumped in rivers. "In Bali we produce 680 cubic metres of plastic a day as nearly everything you buy is packed in plastic bags. That's the size of a fourteen-storey[2] building," Isabel says. "Unfortunately less than five per cent of the plastic bags get recycled."

Worldwide, plastic is a threat to wildlife. Plastic bags cause the death of fish and other animals. Just recently a whale was found with over 80 plastic bags in its stomach. It died because the plastic had made it impossible for the whale to hunt and eat. Before it died it had been in pain for several days.

At the age of 10 and 12, Melati and Isabel had a lesson at *Green School* in Bali about change makers like Nelson Mandela, Martin Luther King and Mahatma Gandhi and asked themselves, "What can we do as kids on the island of Bali to make the world a better place?" They knew rubbish was a big problem in Bali which seemed impossible to solve. And then they found out that Rwanda, a country in Africa, had banned plastic bags in 2008. "If one of the poorest countries succeeded in doing that, Bali should start to act as well," Melati says. So the sisters decided not to wait until they were older.

That is why they founded the campaign *Bye Bye Plastic Bags*. They collected thousands of signatures, organized beach clean-ups and school presentations. The girls were even invited to give a video talk for a famous Internet channel in London and they have inspired *Bye Bye Plastic Bags* campaigns all over the world.

Although well-known by then, it was a challenge for them to get the attention of the Balinese governor, who did not take the matter seriously at first. For one and a half years, Melati and Isabel tried to meet him – without any success. "We handed in thousands of signatures, but there was no reaction," Melati says. Then, on a trip to India they gave a talk and visited the home of Mahatma Gandhi, who had reached his goals through peaceful actions like marches and hunger strikes in the 1940s. Having learned about the power of hunger strikes, the girls – still frustrated as there had been no reaction by the governor – decided to start a hunger strike themselves. It was successful because of a huge reaction on social media and twenty-four hours later the governor agreed to help. He even sent the police to escort Melati and Isabel to his office and was proud of them in the end.

Melati and her sister believe that the voice of the youngest generation should receive a larger response. "We are the future but we are here now and we are ready. We've learned kids can do things. We can make things happen." *(588 words)*

Text adapted from: Jewel Topsfield, Sydney Morning Herald, March 12, 2016; https://www.smh.com.au/world/bali-tourists-bagged-to-support-girls-monumental-plastic-rubbish-goal-20160311-gng8xs.html;
Jacopo Prisco, The teenagers getting plastic bags banned in Bali, CNN, August 17, 2017; https://edition.cnn.com/2017/08/16/asia/melati-isabel-wijsen-bali/index.html

Photo of Melati and Isabel Wijsen (2019-1) © Bye Bye Plastic Bags

1 to declare – *(beim Zoll) anmelden*
2 fourteen-storey – *vierzehnstöckig*

A TEXT-BASED TASKS 24

1 Decide whether the following statements are right or wrong. (3)

a Bali has always had a problem with rubbish.

b In a fourteen-storey building in Bali 680 cubic metres of plastic are produced a day.

c Most of the plastic bags in Bali do not get recycled.

d Plastic bags are forbidden in Rwanda.

e The Balinese governor reacted within eighteen months.

f The governor arrested the girls with the help of the police.

2 Finish the sentences using the information from the text. (7)

a The day when plastic bags will be illegal in Bali … (2)

b Beach clean-ups and school presentations … (2)

c A famous Internet channel in London … (1)

d A huge reaction on social media … (2)

3 Answer the questions in complete sentences. (8)

a How do Melati and Isabel attract the tourists' attention at the airport?

b Why are plastic bags bad for marine animals?

c How did the two girls get motivated to start a campaign? (2 items)

d What did the girls learn from Mahatma Gandhi's political actions?

4 Ask questions. (6)

You have the possibility to talk to Melati and Isabel.
Ask them **four** questions about their meeting with the governor.
Use **four** different question forms.

B USE OF LANGUAGE 20

1 Find words or expressions in the text that mean more or less the same. (3)

a in former times (lines 10–16)

b aims (lines 33–43)

c enormous (lines 33–43)

2 Find the opposites. (3)

a pollutes (line 12)

b banned (line 26)

c later (line 42)

3 Explain <u>one</u> of the following words in complete sentences. (2)

a island (line 23)
b to found (line 29)
c proud (line 43)

4 Vocabulary – Grammar (12)

Read the text. Find the suitable forms of the words and write them down.

The Pacific – an Ocean in Danger

The Pacific Ocean covers 30 per cent of the earth's surface. It is almost twice the size of the Atlantic Ocean and you can find the _______ places on earth there.	**a** deep
Although the name 'Pacific' means peaceful, this ocean is in great danger since there is a very large area of plastic waste _______ it.	**b** to threaten
Plastic bottles have been part of our _______ for a long time.	**c** to live
In 1978, Coca-Cola _______ the 2-liter PET plastic bottle	**d** introduction
and in 2016, over 480 billion plastic bottles _______ worldwide.	**e** to sell
It contributes to the _______ of our planet.	**f** to pollute
However, plastic has a lot of advantages: it is much lighter _______ glass,	**g** ?
does not break easily and its transport and _______ are much cheaper.	**h** to produce
Besides, recycled plastic is often turned into _______ items, such as fleece pullovers or carpets.	**i** variety
But people who _______ throw plastic waste away may eat that same plastic one day.	**j** careless
It can be eaten by fish and as everyone _______, we humans are at the top of the food chain.	**k** to know
The UN predicts that if trends continue, by 2050 oceans _______ more plastic than fish by weight.	**l** to contain

Adapted from: 'School Times International' (March 2017); 'Read on' (11/2017) Eilers & Schünemann Verlag KG, Bremen

C CREATIVE WRITING 27

1 Give your opinion. (9)

Choose **one** of the following statements and write about 60 words.

a It is not possible to live your life without plastic.

b Social media are good for everybody.

c All school books should be replaced by tablet computers.

2 Choose task a) or b). Do not work on both tasks. (18)

a Write a review.
Write about a film or book you have recently seen or read. Give a short summary and write why you like it or why you do not like it.
Write about 120 words.

b Write a letter.
After school, you want to spend a year in an English-speaking country. The organization choosing your host family needs some information about you. Write a letter to the organization presenting yourself. Write about 120 words.

D SKILLS AND TECHNIQUES 19

1 Mediation (10)

You and your friend Hannes take part in a work and travel programme on farms in Australia. You have just arrived in Sydney and meet the organizer, Mr Jones, who answers your questions. Your friend does not speak English very well. You help.

Mr Jones: G'day and welcome to Australia. Do you have any questions before you start your job?

a You: ______________________________

______________________________ (1)

Hannes: Frag ihn mal, ob es geht, dass wir beide auf der gleichen Farm arbeiten.

b You: ______________________________

______________________________ (1,5)

Mr Jones: Yes, this shouldn't be a problem. On most of our farms you can choose from different jobs, such as looking after the animals, working in the farm office or helping in the farm shop.

c You: ____

____ (2)

Hannes: Sollen wir uns beide für die gleiche Arbeit melden, um zusammenzubleiben?

You: Ja, das machen wir. Ich frag ihn mal.

d You: ____

____ (2)

Mr Jones: OK, I'll see what I can do for you and let you know tomorrow. First I'll have to check where two people are needed.

e You: ____

____ (1,5)

Hannes: Super, frag ihn noch, wann wir morgen kommen sollen.

f You: ____

____ (1)

Mr Jones: At around quarter to two would be fine.

g You: ____

____ (1)

1 Pass on the information. (9)

Read the text and answer the questions in English.
You do not have to write complete sentences.

a Where did Boyan Slat plan to install his first system? (2)

b What are the ships needed for? (1)

c What can be done with the plastic collected from the ocean? (1)

d Why and where did Slat get the idea of cleaning the oceans? (2)

e Where does he get financial support from? (2 items) (1)

f Why is it so difficult to collect the plastic from the oceans according to scientists? (2 items) (2)

Text Ein junger Niederländer will die Ozeane retten

Er ist erst 22, aber schon ein prominenter Umweltschützer: Boyan Slat leitet seine eigene Stiftung *The Ocean Cleanup* und entwickelte einen Ozeanstaubsauger für Plastikmüll.

„Einst gab es die Steinzeit, dann die Bronzezeit, und heute befinden wir uns mitten im Plastikzeitalter." So begann Boyan Slat 2013 einen Vortrag, der ihn und sein Vorhaben weltbekannt machte. Er stellte sein System vor, das aus langen, V-förmigen Armen, die auf Luftkissen treiben, besteht und an Orten mit hoher Plastikkonzentration in den Ozeanen installiert wird. Die Strömung soll den V-förmigen Armen den Müll entgegentreiben, der herausgefischt und mit Schiffen abtransportiert wird. Er kann später zum Beispiel zu Öl verarbeitet werden.

Die Idee, die Ozeane zu säubern, kam ihm mit 16, als er beim Tauchen in Griechenland „mehr Plastiktüten als Fische" sah. Seither tüftelt Slat an der Idee, mit Hilfe der Meeresströmung die Ozeane vom Plastik zu befreien.

Im Mai 2017 präsentierte Slat seine neueste Idee: Die kilometerlangen Arme des Ozeanstaubsaugers sollen nun nicht im Meeresboden befestigt, sondern mit Ankern in 600 Metern Tiefe fixiert werden. Das Säuberungssystem werde so mobil, flexibler einsetzbar und effizienter.

Boyan Slat erhielt schon mit 20 den Preis der UN *Champion of the Earth* für seine außergewöhnlichen Ideen. Dank Investitionen von Unternehmern und der niederländischen Regierung hat er nun auch die finanziellen Mittel, um seine Ideen umzusetzen.

Doch nicht alle teilen diese Begeisterung. Wissenschaftler bemängeln: „Es macht keinen Sinn, auf offener See Plastik herauszufischen. Der Müll ist auf eine sehr große Fläche verteilt und meist sehr klein, im Millimeter-Bereich. Dafür wäre der Aufwand zu hoch. Zudem schwimmt 90 Prozent des Plastikmülls nicht an der Oberfläche, sondern sinkt auf den Meeresboden. Das Problem ist die Produktion von rund 330 Millionen Tonnen Plastik jährlich, 2020 könnten es 500 Millionen sein. 40 Prozent davon ist Verpackungsmüll, meist Einwegverpackungen. Hier müssen wir ansetzen."

Tobias Müller, „Ozeanstaubsauger" soll Meere von Plastikmüll reinigen, Badische Zeitung vom 08. 09. 2017; https://www.badische-zeitung.de/panorama/ozeanstaubsauger-soll-meere-von-plastikmuell-reinigen--141571341.html

A TEXT-BASED TASKS

1 Decide whether the following statements are right or wrong.

TIPP

In der Prüfung 2019 sollst du bei dieser Aufgabe entscheiden, ob die sechs Aussagen zum Text **richtig oder falsch** sind.

Hinweise zu den Lösungen

a "In the old days Balinese people only used organic materials leaving no waste behind. But today the island is covered with rubbish." (Z. 10/11)

b In den Zeilen 13 bis 15 werden die beiden Zahlen der Aussage erwähnt, allerdings ist der Zusammenhang ein anderer: Die 680 Kubikmeter Plastik werden nicht in einem vierzehnstöckigen Gebäude produziert, sondern das täglich produzierte Plastik entspricht der Größe eines solchen Gebäudes.

c In den Zeilen 15 und 16 sagt Isabel: "[…] less than five per cent of the plastic bags get recycled."

d "Rwanda […] had banned plastic bags in 2008." (Z. 25/26)

e Der „Balinese governor" wird erstmalig in Zeile 34 erwähnt. In den darauffolgenden Zeilen wird erläutert, dass die Mädchen versuchten, ein Treffen mit ihm zu arrangieren, ihre Bemühungen aber eineinhalb Jahre erfolglos blieben (vgl. Z. 34/35).

f Die Mädchen wurden von der Polizei nicht verhaftet, sondern vielmehr zum Büro des Gouverneurs begleitet: "He even sent the police to escort Melati and Isabel to his office […]" (Z. 42/43). Die Bedeutung des englischen Verbs „(to) escort" kannst du mithilfe des deutschen Wortes „eskortieren" erschließen.

a wrong **b** wrong

c right **d** right

e wrong **f** wrong

2 Finish the sentences using the information from the text.

TIPP

Achte darauf, dass du die Sätze mit Informationen aus dem Text vervollständigst. Wenn du alle Satzenden geschrieben hast, lies die gesamten Sätze noch einmal durch und überprüfe, ob sie auch sprachlich richtig sind.

Hinweise zu den Lösungen

a Der Satzanfang muss mit einem Verb weitergeführt werden. Hier kommt neben dem „present perfect" sowohl das „will-future" als auch das „simple present" infrage. Die nötigen Informationen findest du im ersten Absatz.

b Der Satzanfang ist so formuliert, dass mit einem Verb im Passiv oder mit dem Verb „(to) be" angeschlossen werden kann. Du hast aber auch die Möglichkeit, die Aufzählung der Aktionen fortzuführen und auch auf die Unterschriftensammlung einzugehen. Da die „beach clean-ups" und „school presentations" am Anfang der Kampagne standen, musst du das Verb ins „simple past" setzen. Die Informationen findest du im fünften Absatz (vgl. Z. 29–32).

c In den Zeilen 30 und 31 findest du die notwendigen Informationen. Da der „video talk" in der Vergangenheit stattfand, ist auch in diesem Fall das „simple past" zu verwenden.

d Der Hungerstreik von Melati und Isabel schlug in den sozialen Medien hohe Wellen und führte dazu, dass der balinesische Gouverneur die Mädchen in ihrem Vorhaben unterstützte (vgl. Z. 39–43). Grammatikalisch gibt es mehrere Möglichkeiten, wie du den Satz beenden kannst. Achte jedoch darauf, dass du das „simple past" verwendest. Die Konstruktion „(to) make someone do something", die im drittletzten Beispielsatz verwendet wird, bedeutet „jemanden zwingen, etwas zu tun".

a … is the day Isabel and Melati (Wijsen) have always dreamt/dreamed of.
or: … is the day (the two girls) Melati and Isabel dream of.
or: … will be a great day for the two Balinese sisters who started the campaign *Bye Bye Plastic Bags.*
or: … will be a dream come true for Melati and Isabel.

b … were ideas to achieve their goal.
or: … were organized by Isabel and Melati/by the girls/by the sisters.
or: … were an important part of their campaign.
or: … were the first steps in the campaign.
or: … as well as collecting thousands of signatures was what Isabel and Melati did when they founded their campaign *Bye Bye Plastic Bags.*

c … invited Melati and Isabel to give a video talk.
or: … asked Melati and Isabel to give a video talk online.

d … was the reason for Melati and Isabel's/their success.
or: … was caused by their hunger strike.
or: … made their hunger strike successful.
or: … was the reason the (Balinese) governor sent the police to escort the girls to his office.
or: … was the reason why the governor finally reacted.
or: … made the governor support the girls.
or: … was why the governor decided to help at last.
or: … was the reason why the governor agreed to meet the girls and to help them.

3 Answer the questions in complete sentences.

TIPP

Hinweise zu den Lösungen

a Diese Antwort muss im „simple present" erfolgen, da die Frage ebenfalls in dieser Zeit formuliert ist. Die relevanten Informationen findest du in den Zeilen 1 bis 6.

b Die Antwort auf diese Frage findet sich in den Zeilen 17 bis 20 und muss in der Gegenwart stehen. Vermeide es, deine Lösung mit „Because …" zu beginnen.

c Die betreffenden Informationen stehen in den Zeilen 21 bis 27. Da die Frage in der Vergangenheit gestellt ist, musst du in deiner Antwort ebenfalls „past tense" verwenden. Achte darauf, dass du die Vorzeitigkeit mit dem „past perfect" ausdrückst, wenn du über die Einführung des Verbots von Plastiktüten in Ruanda schreibst.

d Die Antwort findet sich in den Zeilen 36 bis 42. Obwohl Gandhi bereits in den Zeilen 22 und 23 erwähnt wird, werden seine Handlungen und sein gewaltloser Widerstand erst im sechsten Absatz näher ausgeführt.

a They greet them with the Balinese greeting (gesture).
or: They greet them with a typical/special (greeting) gesture.
or: They ask them whether/if they have brought (any) plastic bags with them.
or: Melati and Isabel ask the tourists if they have plastic bags to declare.
or: They ask, "Do you have any plastic bags to declare?"

b Plastic bags (can) cause the death of fish and other (marine) animals.
or: Plastic bags can be life-threatening for fish and other marine animals because they eat them.
or: They are bad for marine animals because they can die if they eat them.

or: Plastic bags are the reason why a lot of fish and other animals living in the sea die.
or: Plastic bags can make it hard for marine animals to hunt and eat.

c – At school, they learned/learnt about important people who (had) changed the world (for the better), such as Mahatma Gandhi.
or: They learned about change makers at *Green School*.
or: At *Green School*, they learned about people like Mahatma Gandhi, Martin Luther King and Nelson Mandela, who (had) fought peacefully for a better world.
– They found out that one of the poorest countries in the world had succeeded in banning plastic bags.
or: They learned that Rwanda had managed to ban plastic bags a few years before/previously.

d They learned/learnt that peaceful actions can bring about change.
or: They learned that peaceful actions can change things.
or: They learned that peaceful actions can be used to achieve your aims.
or: They learned that hunger strikes can be a peaceful way to reach your goals/to make the world a better place.
or: You can reach your goals through peaceful actions (like marches and hunger strikes).
or: They learned about the power of hunger strikes (and other peaceful political actions).

4 Ask questions.

TIPP

Du hast die Möglichkeit, Melati und Isabel zu treffen und ihnen Fragen über ihr **Treffen mit dem Gouverneur** zu stellen. In der Prüfung 2019 werden vier Fragen erwartet.
Es ist besonders wichtig, dass sich die Fragen auf ebendieses Treffen beziehen, ansonsten erhältst du keine Punkte. Achte darauf, dass du unterschiedliche Fragen stellst, die sich durch das Fragewort oder die Zeit unterscheiden. Da das Treffen in der Vergangenheit stattfand, ist es schwierig, viele unterschiedliche Zeitformen zu verwenden. Deine Fragen werden hauptsächlich im „simple past" formuliert sein. Konzentriere dich also hier besonders auf die Verwendung verschiedener Fragewörter und schreibe auch eine Entscheidungsfrage. Für jede richtig gestellte Frage erhältst du 1,5 Punkte.

Entscheidungsfragen

- Was it just you and the governor at the meeting?
  or: Was there anyone else at the meeting with the governor?
- Were you nervous when you met the governor for the first time?
- Did you talk about the future of your project?
- Did you ask the governor why he had not agreed to meet you before?

Fragen mit Fragewort

- What did you talk about with the governor?
- When did the meeting take place and where?
  or: When and where did the meeting take place?
- How did you feel at the meeting?
- What was the first question you asked the governor?
- What did the governor promise?
- How is the governor going to help you with your project?
- How is the governor going to support your cause?

B USE OF LANGUAGE

1 Find words or expressions in the text that mean more or less the same.

TIPP

Hinweise zu den Lösungen

a Der Ausdruck „in former times“ bedeutet „in früheren Zeiten“. Gleich zu Beginn des Textabschnittes in Zeile 10 wirst du fündig, denn der Begriff „in the old days“ ist das passende Synonym. Achte darauf, dass du das „-s“ für den Plural bei „days“ nicht vergisst, um Punktabzug zu vermeiden.

b Bei „aims“ handelt es sich um ein Nomen im Plural. Gesucht ist also ein Wort, das die Bedeutung „Ziel“ hat und ebenfalls im Plural steht. Das Synonym findest du in Zeile 38.

c Bei dem Wort „enormous“ handelt es sich um ein Adjektiv. Mit dem bedeutungsgleichen Wort wird im Text das Ausmaß der Reaktionen in den sozialen Netzwerken beschrieben. Das Adjektiv „huge“ (Z. 41) ist die richtige Lösung.

a in the old days

b goals

c huge

2 Find the opposites.

TIPP

Hinweise zu den Lösungen

a Hier musst du aufpassen, dass du die richtige Form des Verbs aufschreibst. Wenn du das „-s" der 3. Person Singular vergisst, wird dir ein halber Punkt abgezogen. Notiere also immer dieselbe Form wie in der Aufgabenstellung.

b Das Verb „(to) ban" kann in diesem Kontext durch mehrere gegenteilige Verben ersetzt werden. Im Text lautet die gesamte Verbform „had banned". Es handelt sich dabei um eine Form im „past perfect", das aus „had + past participle" gebildet wird. Da in der Aufgabenstellung jedoch nur „banned" vorgegeben ist, darfst du in deiner Lösung nur das „past participle" angeben.

c Da es sich bei „later" um einen Komparativ handelt, musst du diese Form auch beim Gegenteil bilden. Alternativ ist auch das Antonym „before" möglich.

a cleans

b allowed
or: welcomed, introduced, established, permitted, legalized

c earlier **or:** before

3 Explain <u>one</u> of the following words in complete sentences.

TIPP

In dieser Abschlussprüfung wird nur **eine Erklärung** von dir verlangt. Wichtig ist, dass du **mindestens einen vollständigen Satz** formulierst.

Hinweise zu den Lösungen

a Um das Wort „Insel" zu erklären, bietet sich entweder eine Definition oder ein Beispiel bzw. Beispiele an, von denen dir sicherlich viele einfallen.

b Um das Verb „(to) found", das die Bedeutung „gründen" hat, zu erklären, kannst du z. B. eine Definition verwenden oder Synonyme angeben. Beachte, dass „(to) found" nichts mit dem Verb „(to) find" zu tun hat, dessen Form im „simple past" auf den ersten Blick so aussieht wie der vorgegebene Infinitiv:

Bedeutung	Infinitiv	„simple past"	
„gründen"	(to) found	founded	(regelmäßige Bildung)
„finden"	(to) find	found	(unregelmäßige Bildung)

c Bei der Erklärung von „proud" bietet es sich an, ein Synonym oder Antonym anzugeben bzw. ein aussagekräftiges Beispiel zu wählen. Da es viele Gründe gibt, „stolz" zu sein, fällt dir bestimmt ein treffendes Beispiel ein.

a An island/It is a piece of land surrounded by water.
or: An island is a piece of land which is completely surrounded by water and which is not large enough to be called a continent.
or: Ireland/Iceland/Jamaica/… is an island.
or: Sicily and Sardinia are Italian islands in the Mediterranean Sea.

b To found a campaign means to start it.
or: When you found a campaign, you kick it off.
or: "To found" means more or less the same as "to establish"/"to start"/"to take the first steps".

c "Proud" means "very pleased".
or: "Proud" is the opposite of "disappointed".
or: You can be proud when you have achieved something.
or: Students who have passed their final exams are usually proud.
or: When someone has learned/learnt something difficult, they can be proud of themselves.

4 Vocabulary – Grammar

TIPP

Hinweise zu den Lösungen

a In der Lücke fehlt ein Adjektiv, d. h., mit „deep" ist bereits die richtige Wortart vorgegeben. Deine Aufgabe ist es also, die richtige Form zu bilden. Der Satz ist so formuliert, dass man aufgrund des bestimmten Artikels „the" den Superlativ einsetzen muss.

b Hier muss die *-ing*-Form stehen, da es sich um einen verkürzten Relativsatz handelt: "[…] there is a very large area of plastic waste which is threatening it."

c Da vor der Lücke der Possessivbegleiter „our" steht, ist klar, dass hier ein Nomen fehlt. Die üblichste Form ist hier somit „lives" im Plural, aber auch die Singularform „life" ist denkbar.

d Die Angabe „in 1978" zeigt dir, dass das fehlende Verb im „simple past" stehen muss.

e Hier brauchst du eine Passivkonstruktion im „simple past", weil „in 2016" Flaschen verkauft wurden. Halte also grundsätzlich Ausschau nach Signalwörtern und überlege bei Verben, ob eine Handlung aktiv (Coca-Cola tut etwas) oder passiv (mit den Flaschen wird etwas getan) ist.

f Durch den bestimmten Artikel „the" und den Satzzusammenhang wird deutlich, dass ein Nomen eingesetzt werden muss.

g In diesem Satz wird ein Vergleich angestellt: Plastik ist viel leichter als Glas.

h In diesem Satz werden die Vorteile von Plastik hervorgehoben. Es wird u. a. aufgezählt, dass der Transport und die Herstellung von Plastik billiger als von Glas sind. In der Aufzählung „its transport and …" fehlt das passende Nomen.

i Da die Lücke direkt vor einem Nomen steht und sich auf dieses bezieht, muss ein Adjektiv eingesetzt werden. Achte auf die richtige Schreibung.

j Da sich die Lücke auf das darauffolgende Verb „(to) throw away" bezieht, fehlt hier ein Adverb. Du bildest es, indem du die Nachsilbe „-ly" an das Adjektiv „careless" anhängst.

k Diesen Satz musst du durch ein Verb in der richtigen Form ergänzen. Der Ausdruck „wie jeder weiß" lautet im Englischen „as everyone knows". Du brauchst also das „simple present" in der 3. Person Singular – denke unbedingt an das „-s".

l In diesem Satz geht es um eine Prognose der UN, die in einen Bedingungssatz verpackt ist. Es handelt sich um den „if-clause type 1", also um eine erfüllbare Bedingung. In dieser Art von Sätzen steht im if-Satz „simple present", im Hauptsatz meist das „will-future". Das „will-future" kann aber auch durch ein Modalverb (wie z. B. „may" oder „might") + Infinitiv ersetzt werden, wobei durch die Verwendung eines Modalverbs in diesem Fall ausgedrückt wird, dass die Vorhersage nicht ganz so sicher ist.

a deepest
b threatening
c lives **or:** life
d introduced
e were sold
f pollution
g than
h production
i various
j carelessly
k knows
l will contain **or:** may contain, might contain, could contain

C CREATIVE WRITING

1 Give your opinion.

TIPP

In dieser Aufgabe ist **deine Meinung** gefragt. Lies zuerst alle drei Aussagen durch und entscheide dich dann für **eine** von ihnen. In der Prüfung 2019 kannst du deinen Text beginnen, indem du deine Zustimmung oder Ablehnung zur Aussage ausdrückst. Wenn du zwiegespalten bist, kannst du dies durch „On the one hand … On the other hand …" oder durch „It depends …" ausdrücken. Beachte, dass 2019 die geforderte Textlänge rund 60 Wörter beträgt. Stelle also sicher, dass dein Text zwischen 50 und 80 Wörtern hat, da es sonst erheblichen Punktabzug gibt.

a I disagree with this statement. However, it is very difficult to live your life without plastic since most products in a supermarket are wrapped in plastic and often plastic is also used for the production and packaging of clothes. If you want to refrain from using plastic, you have to shop in special shops and be aware of where plastic can be avoided. *(63 words)*

b On the one hand, social media are good because people can easily stay in touch with their friends or family when they move away. Sometimes, even the police use social media – when they need witnesses to solve crimes, for example. On the other hand, social media can be a threat because cyberbullying is a huge problem for many teenagers and even for younger children. *(64 words)*

c I totally disagree. Even if tablets are a helpful and motivating addition to school books, replacing them all would be a huge mistake. Studies show that students learn more effectively with printed books. Personally, I believe that it is as important to learn how to write with a pen and develop good handwriting skills as it is to use digital media. Moreover, permanently reading from a tablet computer is not healthy for the eyes and often causes headaches. *(79 words)*

2 Choose task a) or b). Do not work on both tasks.

TIPP

Beachte, dass in der Prüfung 2019 eine Textlänge von rund 120 Wörtern verlangt wird. Du kannst also zwischen 100 und 160 Wörtern schreiben. Halte dich an diese Vorgabe, um Punktabzug zu vermeiden.

Hinweise zu den Lösungen

a Hier sollst du eine Kritik über einen Film, den du in letzter Zeit gesehen hast, oder ein Buch, das du gelesen hast, verfassen. Es wird verlangt, dass du sowohl eine kurze Inhaltszusammenfassung als auch eine Stellungnahme geben sollst, warum dir der Film oder das Buch (nicht) gefallen hat.

b Stelle dir vor, du möchtest ein Jahr im Ausland verbringen und bei einer Gastfamilie wohnen. Schreibe einen Brief an die Vermittlungsagentur und stelle dich vor, damit die Organisation eine Familie finden kann, die gut zu dir passt. Da die Adresse der Organisation nicht bekannt ist, kannst du auf den Briefkopf verzichten. Beginne dein Anschreiben mit der Anrede „Dear Sir or Madam,“, weil auch keine Ansprechperson vorgegeben wird. Formuliere zuerst einen Einleitungssatz, in dem du den Grund deines Schreibens nennst, und beginne ihn mit einem Großbuchstaben. Schreibe dann eine aussagekräftige Charakterisierung deiner Person und nenne auch deine Erwartungen. Beende den Brief mit „Yours faithfully“ und unterzeichne mit deinem Vor- und Nachnamen.

a Last month, I watched the film "Wonder" in the cinema. The protagonist, August "Auggie" Pullman, is about to start fifth grade. Before then, he had been home-schooled by his mother. Auggie doesn't look "normal", as he has a genetic defect that makes his face look weird in the eyes of the other students. He had to undergo several operations, but still does not fit the "norm". At first, he has a hard time at school because he is being bullied but then he finds some friends who accept him the way he is and like him for it.
I like the film because it makes you laugh and cry at the same time. The film teaches lessons about friendship and shows that a person's looks are not what really matters. It is what is inside that counts. *(137 words)*

b (Date)

Dear Sir or Madam,
My name is Paul Schulz, I am from Constance in Germany and I would like to spend a year in Scotland. I will finish school in the summer and would like to begin my year abroad in September.
As I love children, I would really enjoy having younger host sisters or brothers and I would be happy to babysit from time to time. I have a younger brother myself, so I am experienced in looking after children. Apart from that, I am a very active person – I enjoy all kinds of outdoor sports, such as hiking and mountain biking. Therefore, it would be great if you could find a host family in the country.
Since I am allergic to animal hair, it would be better if my host family did not have any cats or dogs.
Thank you so much for your help. I look forward to hearing from you.
Yours faithfully,
Paul Schulz *(158 words)*

D SKILLS AND TECHNIQUES

1 Mediation

TIPP

Dies ist eine Dolmetsch-Aufgabe, bei der du zwischen dem Organisator eures Work-and-Travel-Programms, Herrn Jones, und deinem Freund Hannes, der nicht so gut Englisch spricht, vermitteln musst. Achte darauf, dass du nicht wortwörtlich übersetzt, sondern ausschließlich die wichtigen Informationen in angemessener Sprache wiedergibst, um Punktabzug zu vermeiden. Streiche am besten im Dialog an, welche Informationen wichtig sind.

Achte außerdem darauf, dass die jeweilige Perspektive stimmt, damit deutlich wird, wer wem etwas sagen möchte. Wie viele Punkte du auf welche Äußerung erhalten kannst, siehst du im Aufgabenteil.

Hinweise zu den Lösungen

a Verwende das Personalpronomen „wir", da du die Aussage auf dich und deinen Freund beziehen musst. Würdest du fälschlicherweise „ich" schreiben, würde dir ein Punkt abgezogen werden. Du kannst das Personalpronomen aber auch – wie im dritten Lösungsvorschlag – vollkommen umgehen.

b Achte darauf, dass du immer in der jeweils richtigen Sprache formulierst. Hier muss deutlich werden, dass ihr beide gerne auf der gleichen Farm arbeiten möchtet.

c Nenne unbedingt beide Aspekte. Die Punktangabe liefert dir in der Regel einen Hinweis, wie umfangreich deine Antwort ausfallen sollte.

d Arbeite in deiner Frage heraus, dass ihr beide gerne die gleiche Arbeit verrichten möchtet, um zusammenzubleiben. Achte auf die richtige Wahl des Personalpronomens und verwende „we" bzw. „us".

e Nenne alle Fakten, um auf die volle Punktzahl zu kommen: Herr Jones muss nachfragen, auf welcher Farm zwei Aushilfen in einem Bereich benötigt werden. Er wird versuchen, sich für euch einzusetzen. Und er will euch am nächsten Tag Bescheid geben.

f Hier sollst du erfragen, wann ihr beide am nächsten Tag da sein sollt. Stelle eine direkte Frage mit dem Fragewort „When", „What time" oder „At what time".

g Achte darauf, dass du die Uhrzeit richtig angibst. Berücksichtige außerdem, dass es sich um eine ungefähre Zeitangabe handelt. Du brauchst keinen vollständigen Satz zu schreiben.

a Er möchte wissen, ob wir noch Fragen haben.
oder: Er will wissen, ob noch (irgendwelche) Fragen offen sind, bevor wir anfangen.
oder: Er fragt, ob es noch etwas zu klären gibt, bevor es losgeht.

b Can/Could the two of us/we work (together) on the same farm?
or: Can/Could we both work on the same farm?
or: Would it be possible for us to work on the same farm?
or: Is it possible for both of us to work on one farm?

c – Es wird wahrscheinlich gehen, dass wir beide auf der gleichen Farm arbeiten.
oder: Er meint, dass es kein Problem sein sollte.
oder: Das sollte klappen.
oder: Er sagt, dass es wahrscheinlich kein Problem ist.

– Auf den meisten Farmen gibt es unterschiedliche Tätigkeitsbereiche, von denen man sich einen aussuchen kann. Man kann sich z. B. um die Tiere kümmern, im Büro helfen oder im Hofladen arbeiten.
oder: Die Aufgaben sind ganz verschieden/vielfältig und reichen von der Arbeit mit Tieren bis hin zum Helfen im Büro oder Hofladen.

d Is it possible for us to do the same job (so that we can stay together)?
or: We would like to do the same job together. Is that possible?
or: Is there a possibility for us to do the same job (in order to stay together)?

e Er kann noch nicht sagen, ob das geht. Er muss erst nachfragen, ob irgendwo zwei Leute gebraucht werden, und möchte uns morgen Bescheid geben.
oder: Er muss erst abklären, ob irgendwo zwei Leute gebraucht werden. Er gibt uns morgen Bescheid.
oder: Er versucht, uns das zu ermöglichen, muss aber erst nachfragen, auf welcher Farm zwei Leute in einem Bereich gebraucht werden. Er wird uns morgen darüber informieren, ob es klappt.

f When do we start tomorrow?
or: When should we come tomorrow?
or: When do we have to be here tomorrow?
or: When do you expect us to be here tomorrow?
or: At what time are we supposed to get here tomorrow?
or: What time should/shall we arrive tomorrow?

g Um circa Viertel vor zwei (sollen wir da sein).
oder: Wir sollen gegen 13.45 Uhr da sein.
oder: Er sagt, wir sollen ungefähr um drei viertel zwei da sein.

2 Pass on the information.

TIPP

Dir liegt ein deutschsprachiger Text über Boyan Slat und seine Bemühungen, die Weltmeere von Plastik zu befreien, vor. Zu diesem Text sollst du Fragen auf Englisch beantworten. Du brauchst nicht in ganzen Sätzen zu antworten – Stichpunkte sind ausreichend. Achte aber unbedingt darauf, dass du die vorgegebene Anzahl an Aspekten nennst.

Hinweise zu den Lösungen

a Du findest die relevante Information in den Zeilen 6 bis 8. In deiner Antwort müssen die Schlüsselwörter „ocean“ und „plastic“ vorkommen.

b Die Information ist in den Zeilen 8 bis 10 zu finden.

c Der Text nennt nur ein Beispiel, was aus dem aus dem Meer gefischten Plastik gemacht werden kann. Die relevante Information steht in Zeile 10.

d In den Zeilen 11 und 12 erhältst du die relevanten Informationen. Beachte, dass es sich um eine zweiteilige Frage handelt und du sowohl auf das „Warum“ als auch auf das „Wo“ eingehen musst, um die volle Punktzahl zu erreichen. Die Information, dass Boyan Slat das einschneidende Erlebnis hatte, als er 16 war, ist hier nicht gefragt.

e Boyan Slat bekommt sowohl von Geschäftsleuten als auch von der niederländischen Regierung finanzielle Unterstützung (vgl. Z. 19/20). Im Text ist von „Unternehmern“ (vgl. Z. 19) die Rede, du kannst aber auch von „Firmen“ oder „Unternehmen“ sprechen.

f In den Zeilen 23 bis 26 werden drei Gründe erläutert, warum einige Wissenschaftler die Wirksamkeit eines Ozeanstaubsaugers kritisieren. Du brauchst jedoch nur zwei der Gründe anzugeben, um beide Punkte zu erhalten.

a in parts of the ocean where there is a lot of plastic / a high concentration of plastic
or: in areas of the ocean that are heavily polluted with plastic

b to transport (the) plastic
or: to take the plastic away
or: to remove the rubbish that has been collected

c you can produce / make oil (from it)
or: (it can) be turned into oil

d when he was on holiday in Greece and saw a lot of plastic (swimming) in the ocean
or: when he was diving in Greece and saw too much plastic swimming in the water
or: because he saw more plastic than fish in the sea when he was in Greece

e
- (from the) government of the Netherlands
  or: (from the) Dutch government
- (from) companies / firms / enterprises
  or: (from) entrepreneurs / businessmen and -women

f
- the area in question is very large
  or: the respective area is large
  or: the area with a lot of plastic is huge
  or: the area where there is rubbish is large
- the pieces of plastic are very small / tiny
- most of the plastic (is) at the bottom of the ocean / sea
  or: only a small percentage of the rubbish is on the surface
  or: 90 % of the plastic is at the bottom of the ocean / sea

Abschlussprüfung an Realschulen in Baden-Württemberg
Englisch 2021

A LISTENING COMPREHENSION 20

1 Yoga (5)

You will hear a radio interview with the yoga instructors Lisa, Peter and Dr Sing. You will hear the recording twice. Write the correct name (Lisa, Peter, Dr Sing) next to the statement. Some names must be used twice.

a ______________________ Yoga was first practised in Asia before it travelled around the world.

b ______________________ In yoga you practise specific body postures and forms of breathing.

c ______________________ Yoga is good for people who are stressed and physically harmed.

d ______________________ Yoga is a very old form of physical and spiritual exercise.

e ______________________ Yoga lovers meet to practise yoga outdoors.

2 Vikings (4)

You will listen to a guided museum tour on Vikings. You will hear the recording twice. Take notes to complete the cluster.

a places they came from:

- ______________________________
  ____
- ______________________________
  ____

b reasons for leaving their homelands:

- ______________________________
  ____
- ______________________________
  ____

Vikings

c swords:

- ______________________________
  ____
- ______________________________
  ____

d ships:

- ______________________________
  ____
- ______________________________
  ____

3 The Prom (5)

You will hear a voice message from Lena's American exchange partner Mary-Lou about last night's prom.
You will hear the recording twice. One ending to each of the sentences is correct. Mark the correct ending.

a Mary-Lou went dress shopping downtown …

☐ yesterday.
☐ two weeks ago.
☐ two months ago.

b The dress …

- [ ] could not be rented.
- [ ] was too expensive.
- [ ] fell apart.

c The poster had been put on Mary-Lou's school locker …

- [ ] by Derek.
- [ ] by the other girls.
- [ ] by Tiffany.

d Tiffany's dress …

- [ ] was the same as Mary-Lou's.
- [ ] was stolen.
- [ ] fell on the dance floor.

e Derek …

- [ ] drove Mary-Lou home.
- [ ] danced with Tiffany.
- [ ] called Mary-Lou's dad.

4 Digital footprint (6)

You will hear a podcast about your digital footprint.
You will hear the recording twice. Take notes to fill in the table.

a two examples of leaving a digital footprint	• __________ • __________
b what employers check out about candidates	• __________
c what to do when you find something upsetting	• __________
d how to protect your identity online	• __________
e advantage of your digital footprint	• __________

Text How online shopping is changing the world

In the past, there were only a few things delivered to our homes like newspapers, pizza or Asian food. Nowadays, there is a universe of products like DVDs, video games, Spanish oranges, clothes, books, groceries or medicine and you can order them all online. Even more exotic is ordering insects to feed your tarantula. Or do you need help around the house? So why not order a plumber or a carpenter online to help you. This new experience of shopping is known as e-commerce or e-business.

Most home deliveries still consist of the familiar brown cardboard parcels from retailers[1] such as *Amazon*, which is responsible for half of all the packages delivered in the US each year. Jeff Bezos, *Amazon's* founder, never wanted his customers to worry about shipping – about how much it costs, or about how long it takes. "Time is money. Save both.", is the slogan which shows that *Amazon's* main goal is to deliver their products as quickly as possible. *Amazon's* emphasis on speed forced other retailers to hurry, too, and shoppers started to believe that something that cannot be received quickly is not worth having at all.
In 2005, *Amazon* created *Prime*, a club for shoppers paying a fixed fee every year, so that they got free two-day shipping on everything they bought. *Prime* now has more than 100 million members. A market analysis firm found that 93 per cent of *Prime* members keep their subscription after a year, and 98 per cent after two years. "Not for patient people," runs a *Prime* slogan, and it is right: one out of every three *Prime* members has deleted items from their shopping baskets after learning that they could not arrive in two days. Meanwhile, *Amazon* halved *Prime* shipping time down to a day.

A lot of attention has been paid to problems such as how best to pack a box, how to beat traffic and what to do when a delivery driver rings the doorbell and no one is home. The cardboard box is the most obvious symbol of e-commerce and stands for the conflict of choosing between our unlimited consumption and the health of the planet. A heavier box costs more to buy and it also uses more fuel to ship, for example. Like every company, *Amazon* has been trying to design boxes that are both light and strong. But still many companies use packaging materials excessively.

However, the environmental impact of all that paper and plastic is just one part of the overall carbon footprint of online shops. In addition, vans and trucks of companies such as *FedEx*, *UPS* and *DHL* increase traffic. The great trick of online retail is to get us to do more shopping without thinking about it for too long. So, when ordering online some people buy far more than they need, send unwanted items back and order new ones, forcing drivers to come back. Some people live so far out in the countryside that delivery drivers must make an effort to find them. Especially the cities struggle with home delivery because they were not designed to handle this amount of transport activity. Delivery drivers block the side of the road to load and unload their packages. Streets are jammed and citizens suffer from air pollution.

How will e-commerce handle the challenges in the next decade? Different ideas are being discussed: using drones, parachutes, autonomous vehicles or robots. Obviously, there is still a long way to go to make e-commerce more efficient and more eco-friendly. *(591 words)*

Adapted from: Samanth Subramanian: How our home delivery habit reshaped the world, The Guardian, 21. 11. 2019, https://www.theguardian.com/technology/2019/nov/21/how-our-home-delivery-habit-reshaped-the-world

1 retailers – *Einzelhändler*

1 Decide whether the following statements are true, false or not in the text. (3)

Example: B 1 g – not in the text

a The majority of products sold online are delivered in brown cardboard boxes.

b Many *Prime* members end their membership within a year.

c In the future *Amazon* will reduce shipping time to less than a day.

d Because of the carbon footprint of their companies, *FedEx*, *UPS* and *DHL* now use alternative fuel.

e Finding customers' homes in rural areas is sometimes difficult for delivery drivers.

f Online sellers are discussing using only drones to deliver their products.

2 Match the headings with the parts of the text. There are two more headings than you need. (5)

Example: B 2 h – 6

a Importance of delivery speed
b Jeff Bezos' biography
c Consequences of home delivery
d Trip to the shops
e Unsolved issues
f Changes in the way of shopping
g Ideal packaging

1 lines 1–8
2 lines 9–24
3 lines 25–32
4 lines 33–43
5 lines 44–47

3 Finish the sentences using the information from the text. (6)

Example: B 3 g – C

a DVDs, video games and groceries …
A are the most popular things ordered online.
B arrive in plastic boxes.
C are available online.
D are only delivered by *Amazon*.

b Being an *Amazon Prime* member …
A you need to pay an annual fee.
B makes you patient.
C you have to wait for the ordered goods for more than two days.
D you only have to pay for shipping.

c More than 100 million people …
A do online shopping at least twice a week.
B regret their subscriptions as *Prime* members.
C have deleted items from their shopping baskets.
D have joined *Amazon Prime*.

d Returning unwanted products …

A is cheap for *Prime* members.

B costs *Amazon* several million dollars per year.

C demands revisits of couriers.

D costs an extra fee.

e In cities …

A inhabitants struggle with ordering online.

B there is too much competition.

C packaging materials pollute the streets.

D transport activity has increased because of e-commerce.

f To cope with e-commerce in the future you will have to …

A reduce it.

B improve eco-friendliness.

C concentrate on longer shipping distances.

D get rid of the packaging.

4 Answer the questions in complete sentences using the information from the text. (10)

a How can e-commerce help you with your jobs around the house?

b What should not be a problem for Jeff Bezos' customers?

c How does *Amazon* influence other retailers?

d Why do cardboard boxes have to be light? (2 items)

e What adds to the carbon footprint of online shops?

1 Find words or expressions in the text (Part B) that mean more or less the same. (5)

a assistance (lines 1–8)

b money you pay for something (lines 17–24)

c sign which represents something (lines 25–32)

d struggle of opposing ideas (lines 25–32)

e people living in a city or town (lines 33–43)

2 Find the opposites. (5)

a never (line 11)

b bought (line 18)

c more (line 19)

d halved (line 23)

e different (line 44)

3 Explain two of the following words in complete sentences. (4)

a to hurry (line 15)

b member (line 19)

c strong (line 31)

4 Vocabulary – Grammar (5)

Complete the text by using suitable forms of the words. Write them down.

Scientists warn: Insects will disappear

Global warming is not the only serious ______ to humans.	**a** to threaten
Another one is the falling numbers of insects and the many	
species ______ have already died out. Scientists say that half	**b** ?
of all insects worldwide ______ since the 1970s. A new warn-	**c** to disappear
ing is that over 40 per cent of insect species could die out in	

our lifetime. One researcher said the number of insects was decreasing by 2.5 per cent every year. Many species of ______, bees and other insects are now extinct. This can trigger a catastrophic collapse of the ______ ecosystems.

d butterfly
e Earths/ Earth's/ Earths'

Professor Dave Goulson said a lot of insects ______ by pesticides used for farming and gardening. He said lower numbers of insects might mean we would not have enough ______ for people. He told reporters: "Three-quarters of our crops depend ______ the help of insects. Crops will begin to fail. If this happens, we ______ things like strawberries any longer. One of the most worrying trends is the decline of honeybees. In the USA, the number of honeybee colonies ______ from six million in 1947 to just 2.5 million in 2014." Professor Goulson warned: "We can't wait another 25 years before we do anything because it will be too late."

f to kill
g feed
h from/on/of
i not have
j to drop

Sean Banville: Breaking News English – Lesson: Insect Apocalypse, https://breakingnewsenglish.com/1911/191117-insect-apocalypse.html

5 Ask questions. (4)

Ask four questions. Use different question forms or different tenses.

You are talking to Peter Harris, a swimming pool attendant.
Ask him about his job.

1 Write a comment. (9)

Choose **one** of the following statements. Discuss the pros and cons and give your opinion. Write about 100 words.

a People should use public transport only.

b Young people can only enjoy their spare time when spending money.

c Life is boring without a computer.

2 Choose one of the following tasks. (18)

Task A: Write an email of application. Write about 160 words.

Computer Support for Seniors

We, the Sutherland Court Care Home, are offering a computer club for our residents.

We are looking for young people who are skilled with the computer and will be able to support our seniors once a week.

Please send your application to: recruitment@hc-one.co.uk

Task B: Write a story. Write about one of the following pictures in about 160 words.

1

2

Task C: Write a diary entry. Complete the diary entry in about 160 words.

Dear Diary,
You won't believe it. This morning something really strange happened to me. …

1 Answer the questions in German. (7)

Read the text about the Tours of Dublin and answer the questions in German. You need not write complete sentences.

a Warum bietet es sich an, Dublin auf eigene Faust zu erkunden? (1)

b Was sind die Vorteile der Hop-on-hop-off-Tour? (2 Angaben) (2)

c Warum fährt man bei der Viking Splash Tour in einem Amphibienfahrzeug? (1)

d Was ist das Besondere an der Abendtour? (2 Angaben) (2)

e Was erwartet uns bei einer Bootstour auf dem Liffey? (1)

Text Tours of Dublin

When visiting the Irish city, you want to take in the best sights and attractions of Dublin – and you have several ways to explore the city to pick from.

It begins with the easiest and cheapest option, which would be a self-guided tour of Dublin on foot. Of course, you could use Dublin's public transport system. Or you could also use a rental car to get around, but we do not recommend driving in Dublin as a tourist.

The best and most comfortable way to get to know Dublin is one of the many pre-organised bus tours. On our Hop-on-hop-off Tours you see all the major sites at your own pace and so they are actually the most flexible Dublin tours of all. They usually go in circles around the city centre, but the flexibility for you comes with the opportunity to get off, and later re-enter the buses at any stop.

On another tour, called Viking Splash Tour, you will be driven around the city streets and the Grand Canal in an amphibious vehicle, while mainly being informed about Dublin's Viking heritage. This is a fun tour and you take in most of the important sites, but you cannot get off at any point.

There is even a tour in the evening. It follows the trail of Dublin's ghosts and grave-robbers on a specially designed double-decker bus and with a performance of live actors. It is only for the brave ones, definitely not covering the main tourist spots, but a good evening entertainment.

It is also possible to see Dublin from the water on our Dublin river tour. You cruise up and down the river Liffey in a modern boat, which allows for panoramic views of the Quays and the Docklands area. It is a big plus to see Dublin from a different point.

Bernd Biege: Tours of Dublin – How to Visit Dublin's Main Attractions Without Major Effort, TripSavvy vom 29. 06. 2019, https://www.tripsavvy.com/tours-of-dublin-1542304

2 Mediation: German – English (9)

Your school's movie club takes part in an international film project. Your partner school is in Slovenia and your contact person is Lara. There is a team meeting.

a *Patrick:*
Wir müssen ihr unbedingt mitteilen, dass sich zwei Gruppen verkleinert haben. Sarah und Selina sind aus dem Projekt ausgestiegen. (2)

b *Leila:*
Wir sollten nicht vergessen, ihr zu schreiben, dass eine Gruppe bereits das Video über die wichtigsten Sehenswürdigkeiten von hier fertiggestellt hat. Häng doch die Datei gleich mit an. (2)

c *Jana:*
Der Skype-Termin nächsten Mittwoch muss wegen eines Fußballturniers ausfallen. Einige Jungs nehmen daran teil. Wir müssen fragen, ob die slowenische Gruppe am Donnerstag Zeit hat und wir den Skype-Termin verschieben können. (2)

d *Uli:*
Wie sieht es denn jetzt eigentlich mit der Unterkunft beim Austausch in Slowenien aus? Haben sie schon geklärt, ob die Unterkunft der deutschen Schüler in Gastfamilien sein wird oder in einer Jugendherberge? Ich finde Stockbetten ätzend. (2)

e *Frau Krauß:*
Und am Ende dürft ihr nicht vergessen zu schreiben, dass sich unser Schulleiter, Herr Bender, schon sehr freut, die Mitglieder der slowenischen Gruppe kennen zu lernen. (1)

Inform Lara. You need not write complete sentences.

a …

b …

c …

d …

e …

A LISTENING COMPREHENSION

1 Yoga

Listening text

Interviewer: Hello and welcome to Radio Sunshine. It's International Yoga Day today. So we have invited some famous yoga instructors. My first guest is Lisa. Lisa, can you explain what yoga is in general?

Lisa: Well, most people know yoga as a kind of activity which aims at developing strength and flexibility. To practise yoga, you learn to put your body into different positions. The correct breathing is also important. However, yoga is really about more than just exercise.

Interviewer: What do you mean by that?

Lisa: In fact, yoga is not just about exercising, it also helps to connect people to each other and to nature. So many yoga fans enjoy their sport in parks. In 2014, the United Nations agreed to create the International Yoga Day, which is now celebrated on 21st June.

Interviewer: Peter, you've already written a book about the history of yoga. What did you find out?

Peter: The history of yoga goes back at least 5,000 years, and some people claim it's nearer 10,000 years ago. First developed in Northern India as a spiritual and physical form of exercise, yoga was later introduced to the Western world and became a very popular form of exercise in the United States and in Europe.

Interviewer: Dr Sing, can you tell us about the benefits of yoga?

Dr Sing: Yoga is a natural form of exercise and therefore good for the mind and body. Regular practice of yoga helps people to improve their balance. Although you won't really get out of breath, like you might playing football or running, it does help to keep your heart healthy and you can lose weight. It can reduce stress and also help with back pain. Yoga also improves concentration and helps people to sleep better.

Interviewer: Alright, thanks a lot so far. We'll have a short break and pass on to the news …

Adapted from: http://learnenglishteens.britishcouncil.org/general-english/magazine/yoga (8. 11. 2019)

TIPP

In Teil A der Abschlussprüfung setzt du dich mit vier Hörtexten und ihren Inhalten auseinander. Bevor du den ersten Text hörst, bekommst du ausreichend Zeit, dir alle Aufgabenstellungen durchzulesen. Jeder Teil wird zweimal vorgespielt. Pausen vor und nach jedem Text ermöglichen dir, die Aufgaben in Ruhe zu bearbeiten und deine Lösungen ggf. zu korrigieren.

Der erste Text ist ein Radiointerview mit drei Gästen. Du sollst fünf Aussagen der jeweils richtigen Person zuordnen.

Hinweise zu den Lösungen

a Die erste Aussage kann Peter zugeordnet werden: "First developed in Northern India […], yoga was later introduced to the Western world and became a very popular form of exercise in the United States and in Europe." (Z. 16–18)

b Die zweite Aussage passt zu Lisas erster Äußerung: "To practise yoga, you learn to put your body into different positions. The correct breathing is also important." (Z. 5/6)

c Dr. Sing spricht darüber, wie Yoga bei der Stressbewältigung und bei Schmerzen helfen kann: "It can reduce stress and also help with back pain." (Z. 23/24)

d Eine Schlüsselstelle in der Aufgabenstellung ist „very old". Hierzu passt Peters Aussage, dass Yoga Tausende von Jahren alt ist (vgl. Z. 15/16). Weiterhin steht in der Aufgabenstellung, dass Yoga „a […] form of physical and spiritual exercise" ist. Diese Formulierung findet sich fast wortwörtlich im Hörtext wieder (vgl. Z. 16/17).

e Lisa spricht in ihrer zweiten Antwort davon, dass Yoga nicht nur Menschen miteinander verbindet, sondern sie auch mit der Natur in Einklang bringt. Sie sagt, dass „many yoga fans enjoy their sport in parks" (Z. 10), was also gut zum Schlüsselwort „outdoors" in der Aufgabenstellung passt.

a Peter

b Lisa

c Dr Sing

d Peter

e Lisa

Listening text

Tour guide: Come on over everybody. Closely together. Very nice. Let's start from the very beginning. The Vikings were warriors who crossed the sea to get to another country. They came from very different places, like Sweden, Denmark and many other northern areas. Ah … a question! Yes, please?

Student 1: Sir, so Vikings really were some kind of pirates?

Tour guide: Yes, you could say so. The word Viking itself means as much as 'pirate'. Why the Vikings started to leave their homelands is not fully clear. Experts have different ideas on why they left: some think because of overpopulation of their homelands, others think mainly to get rich. At that time, Europe was getting richer and richer. That's mainly why it became more and more interesting to the Vikings.

Student 2: Wow, look at those swords! Sorry, Mr … What about fighting?

Tour guide: Fighting was a major skill for Viking warriors. They fought using long swords and axes. Good swords were used to keep Viking history alive from generation to generation. They often had horrifying names and were handed down from father to son. The father would tell the son about all the men that had died by the sword.

Student 3: Oh, look at that! Isn't that a real Viking ship? Amazing!

Tour guide: Very good, that's in fact an authentic Viking ship! But actually there are other types as well. The Vikings used different kinds of ships: some for attacking and some for trading. Ships played an important role in the Viking culture. You won't believe it, but some people were even buried in ships. Here you can see images of ships on jewellery stones and coins …

*Adapted from: https://www.history.com/topics/exploration/vikings-history (30. 01. 2020);
https://www.bbc.co.uk/bitesize/topics/ztyr9j6/articles/zy9j2hv (31. 01. 2020);
http://www.hurstwic.org/history/articles/manufacturing/text/norse_ships.htm (31. 01. 2020);
https://www.ancient.eu/Viking_Ships/ (31. 01. 2020)*

TIPP

Du hörst die Aufnahme einer Museumsführung und musst in der vorgegebenen Mindmap Informationen aus dem Hörtext ergänzen. Zu jedem Themenbereich sollst du zwei Angaben machen. Stichpunkte sind ausreichend.

Hinweise zu den Lösungen

a Du musst zwei der drei möglichen Angaben in die Mindmap eintragen: "They came from very different places, like Sweden, Denmark and many other northern areas." (Z. 3/4)

b "[S]ome [experts] think because of overpopulation of their homelands, others think mainly to get rich." (Z. 8/9)

c Wähle die beiden Informationen aus, die du sprachlich am leichtesten im Englischen ausdrücken kannst: "They fought using long swords and axes. Good swords were used to keep Viking history alive from generation to generation. They often had horrifying names and were handed down from father to son." (Z. 13–16)

d Auch hier gibt es zahlreiche Informationen, aus denen du zwei auswählen kannst: "The Vikings used different kinds of ships: some for attacking and some for trading. Ships played an important role in the Viking culture. [...] some people were even buried in ships." (Z. 20–22)

a
- Sweden
- Denmark
- (other) northern areas

b
- overpopulation (of their homelands)
- to get rich
  or: to gain wealth
  or: to grow rich

c
- the Vikings used long swords (and axes) for their fights
  or: long swords (and axes) (were) used for fighting
- (good) swords (were) used to keep (Viking) history alive (from generation to generation)
- (swords) had (horrifying/terrifying) names
- (swords were) handed down from father to son
  or: male Vikings handed down their swords from generation to generation
  or: (swords) were passed on from father to son
  or: (swords) were heirlooms
  or: sons inherited swords from their fathers

d
- (Vikings used) different types/kinds of ships
- (had) ships for attacking and (different ships) for trading
- (ships played an) important role in (the Viking) culture
- (some) people were buried in them/ships
  or: ships (were) used to bury someone in

3 The Prom

Listening text

Speaker 1: Leave a message after the beep.

Speaker 2: Hi Lena, this is Mary-Lou, you won't believe what happened on prom night yesterday. You know, the final dance and biggest event of the year at our high school. Well, for me it was a complete disaster.

I planned everything perfectly: what to wear, hairstyle, make-up, jewellery – you know what I mean. So, me and my girls went dress shopping downtown two months ago and I found the most beautiful dress ever. I looked oh so awesome, I felt like Cinderella. Perfect match because the prom motto was Magic Night. But when I saw the price tag, my world started to fall apart. Gosh! 500 bucks for the stupid dress. It was way too expensive. Luckily, I found out that you could also rent the dress.

OK, dress done! Do you remember Derek, the captain of our football team? You know that I've fancied him for ages. Instead of simply sending me a text message to ask me out for the prom, he'd prepared a poster, which he pinned on my school locker. So, everybody could see it and all the other girls were so jealous. Derek was so cute, he organized everything from driving in a limo to having a glamorous photo session. He even invited me to a candlelight dinner in a cozy restaurant.

After the wonderful meal, we arrived at our nicely decorated gym and you won't believe what I saw on the dance floor. There she was – Tiffany, that old snake – with *my* dress. Seriously! How dare she – why did I tell her about the dress store at all?

I told Derek to take me home immediately but he preferred to dance with Tiffany. I was in tears. So I called my dad to pick me up. Wish you were here!

TIPP

Bei dieser Aufgabe hörst du eine Sprachnachricht von Mary-Lou, die von ihrem Schulball erzählt. Du sollst jeweils das richtige Ende der fünf Satzanfänge auswählen.

Hinweise zu den Lösungen

a Lies die Aufgabenstellung genau, denn es geht nicht darum, wann der Abschlussball stattfand, sondern wann Mary-Lou ihr Kleid kaufen wollte: "So, me and my girls went dress shopping downtown two months ago […]" (Z. 6/7)

b "500 bucks for the stupid dress. It was way too expensive." (Z. 9/10)
Das Kleid war also viel zu teuer, konnte aber von Mary-Lou ausgeliehen werden.

c Mary-Lou berichtet: "[Derek had] prepared a poster, which he pinned on my school locker." (Z. 14/15)

d "There she was – Tiffany, that old snake – with *my* dress." (Z. 20/21)

e "I told Derek to take me home immediately but he preferred to dance with Tiffany." (Z. 23/24)

a two months ago.

b was too expensive.

c by Derek.

d was the same as Mary-Lou's.

e danced with Tiffany.

4 Digital footprint

Listening text

Every time you go online you leave a trail. This is just like a real footprint. It shows where you've been, how long you stayed and what you've been doing there. You leave your digital footprint every time you register for an online service, send an email, download a video or upload a photo because the information can be used. This shouldn't necessarily worry you but be aware of it and be careful and sensible when you are online.

All kinds of people are interested in your digital footprint, for example companies. Employers often check out the online profiles of possible candidates as part of their application process. There are cases of people who didn't get a job because their digital footprint didn't impress the company.

Here are some tips for taking care of your digital footprint:

- If you find something upsetting, frightening or concerning, tell an adult. There are ways to report these disturbing contents and in most cases web managers respond rapidly.
- Don't forget to log out when you leave a website, especially if you use a shared computer. If you don't, someone can easily pretend to be you!
- Protect your identity online, for example use a nickname and no real photo. Be careful about who you share personal information with and always think twice before sharing details like your email, home address, school or phone number with anyone.

But the advantage of your digital footprint is that you don't have to remember your favourite websites. You can use the history button and the bookmark function. This way your digital footprint can even be helpful.

Adapted from: Your digital footprint, British Council, https://learnenglishteens.britishcouncil.org/skills/reading/upper-intermediate-b2-reading/your-digital-footprint

TIPP

Du hörst einen Podcast über deinen digitalen Fußabdruck. Deine Aufgabe ist es, Informationen in einer Tabelle in Stichworten zu ergänzen. Wenn mehr als ein Detail genannt werden soll, steht es in der Aufgabenstellung.

Hinweise zu den Lösungen

a Wähle aus den zahlreichen Beispielen im Text, wie man einen digitalen Fußabdruck hinterlässt, die beiden Informationen aus, die du sicher verstanden hast: "Every time you go online you leave a trail. [...] You leave your digital footprint every time you register for an online service, send an email, download a video or upload a photo [...]" (Z. 1–4)

b "Employers often check out the online profiles of possible candidates [...]" (Z. 8)

c "If you find something upsetting, frightening or concerning, tell an adult. There are ways to report these disturbing contents and in most cases web managers respond rapidly." (Z. 12–14) Ein Detail als Antwort ist ausreichend.

d Auch hier brauchst du nur einen Aspekt zu nennen: "Protect your identity online, for example use a nickname and no real photo." (Z. 17); "[...] think twice before sharing details like your email, home address, school or phone number with anyone." (Z. 18–20)

e Hier ist ebenfalls nur ein Aspekt gefordert: "But the advantage of your digital footprint is that you don't have to remember your favourite websites. You can use the history button and the bookmark function." (Z. 21/22)

a
- (when/whenever you) go online
  or: every time someone is online
  or: every time a person goes online
  or: going online
- (when/whenever you) register for an online service
  or: every time a person registers for an online service
  or: registering for an online service
- (when/whenever you) send an email
  or: sending an email
- (when/whenever you) download a video
  or: downloading a video
- (when/whenever you) upload a photo
  or: uploading a photo

b (their/the candidates'/the applicants') online profiles

c
- tell an adult
- report (disturbing/upsetting) content(s) (to the web manager)

d • use a nickname
  or: do not/don't use your real name
- do not/don't use a real photo
- do not/don't share your email address, home address or phone numbers

e • you do not/don't have to remember your favourite websites
  or: you needn't remember your favourite websites
- (you can use the) history button
- (you can use the) bookmark function

B TEXT-BASED TASKS

1 Decide whether the following statements are true, false or not in the text.

TIPP

Bei dieser Aufgabe sollst du entscheiden, ob die sechs Aussagen zum Text **richtig** oder **falsch** sind bzw. ob die Informationen gar **nicht im Text** erwähnt werden. Lies den Text und die Aufgaben genau und markiere relevante Stellen. Du kannst den Text so oft wie nötig lesen. Beachte, dass die Aussagen meist nicht wortwörtlich im Text stehen. Manchmal sind sie nur ganz leicht verändert, erhalten aber durch eine andere Wortwahl eine völlig andere Bedeutung. Halte dich an die Arbeitsanweisung und schreibe entweder „true", „false" oder „not in the text" und verbessere keinesfalls die falschen Aussagen. Achte darauf, dass deine Lösung immer der richtigen Aufgabe zuzuordnen ist.

Hinweise zu den Lösungen

a "Most home deliveries still consist of the familiar brown cardboard parcels […]" (Z. 9)

b In den Zeilen 19 und 20 steht, dass 93 % der *Prime*-Kundinnen und -Kunden nach einem Jahr ihr Abonnement (= „subscription", Z. 20) verlängern.

c Im Text ist lediglich die Rede davon, dass die Lieferzeit bereits auf einen Tag reduziert wurde (vgl. Z. 23/24). Dass Waren in Zukunft noch schneller geliefert werden sollen, steht nicht im Text.

d *FedEx*, *UPS* und *DHL* werden zwar in Zeile 35 erwähnt, von alternativem Treibstoff ist jedoch nicht die Rede.

e In den Zeilen 38 und 39 steht, dass die Fahrer*innen oftmals Probleme haben, abgelegene Adressen zu finden: "Some people live so far out in the country-side that delivery drivers must make an effort to find them."

f Im letzten Abschnitt geht es um die Frage, wie sich der Onlinehandel verändern könnte. Entscheidend dafür, dass die Aussage falsch ist, ist das Wort „only“ in der Aufgabe, denn im Text werden neben Drohnen weitere Möglichkeiten aufgezählt, auf welchen Transportwegen Waren in Zukunft zur Kundschaft gelangen könnten.

a true **b** false **c** not in the text
d not in the text **e** true **f** false

2 Match the headings with the parts of the text. There are two more headings than you need.

TIPP

Hier sollst du den vorgegebenen Textabschnitten (1–5) die jeweils passende Überschrift (a–g) zuordnen. Zwei Überschriften bleiben übrig. Lies zuerst die „headings“ durch und stelle im Zweifel mit dem Wörterbuch sicher, dass du die Bedeutung verstanden hast. Gehe dann die einzelnen Abschnitte der Reihe nach durch und ordne zu.

Hinweise zu den Lösungen

a Im zweiten Absatz (Z. 9–24) geht es um die Lieferung durch *Amazon* und darum, wie wichtig die Geschwindigkeit dabei ist: “[…] one out of every three *Prime* members has deleted items from their shopping baskets after learning that they could not arrive in two days.” (Z. 21–23)

b Diese Überschrift kann keinem Abschnitt zugeordnet werden.

c Im vierten Abschnitt geht es um die Auswirkungen, die der florierende Onlinehandel hat. Neben der Menge an Papier- und Plastikmüll (vgl. Z. 33), Verkehrschaos in Städten und der damit einhergehenden Luftverschmutzung (vgl. Z. 40–43) verändert sich auch das Verkaufsverhalten der Konsumentinnen und Konsumenten: “[…] some people buy far more than they need, send unwanted items back and order new ones […]” (Z. 37/38)

d Diese Überschrift kann keinem Abschnitt zugeordnet werden.

e Im letzten Abschnitt geht es um die Frage, wie der Onlinehandel effizienter und umweltfreundlicher werden kann. Diese Herausforderungen (= „challenges“, Z. 44) passen somit zu den „unsolved issues“ (= „ungelöste Probleme“) der Überschrift.

f Im ersten Absatz geht es darum, wie sich die Einkaufsgewohnheiten der Menschen verändert haben: “In the past, there were only a few things delivered to our homes […]. Nowadays, there is a universe of products […] and you can order them all online.” (Z. 1–5)

g Im dritten Absatz geht es hauptsächlich um die ideale Verpackung: "A heavier box costs more to buy and it also uses more fuel to ship […]" (Z. 29); "*Amazon* has been trying to design boxes that are both light and strong." (Z. 30/31)

a 2 **c** 4 **e** 5 **f** 1 **g** 3

3 Finish the sentences using the information from the text.

TIPP

In dieser Aufgabe sollst du sechs Satzanfänge mit Informationen aus dem Text vervollständigen. Dazu musst du das jeweils passende Ende aus vier Alternativen auswählen.

Hinweise zu den Lösungen

a Schlüsselbegriffe, nach denen du im Text suchen sollst, sind „DVDs, video games and groceries". Alle diese Begriffe findest du im ersten Absatz in den Zeilen 3 und 4 „and you can order them all online" (Z. 4/5).

b Das Schlüsselwort *„Prime"* steht in Zeile 17. Wenn du den zugehörigen Absatz liest, wird schnell klar, dass *Prime*-Mitglieder eine „fixed fee every year" (Z. 17) bezahlen, was einem jährlichen Mitgliedsbeitrag entspricht.

c *Amazon Prime* hat inzwischen mehr als 100 Millionen Mitglieder (vgl. Z. 18/19).

d "[…] when ordering online some people buy far more than they need, send unwanted items back and order new ones, forcing drivers to come back." (Z. 37/38)
Fahrer*innen müssen also nochmals kommen, wenn Menschen Ware, die sie nicht behalten wollen, wieder zurückschicken.

e Die zahlreichen Online-Bestellungen führen zu einem höheren Verkehrsaufkommen in Städten: "Especially the cities struggle with home delivery because they were not designed to handle this amount of transport activity." (Z. 40/41)

f Über die Zukunft des „e-commerce", also des Onlinehandels, geht es im letzten Absatz. Das Nomen „eco-friendliness" aus Wahlmöglichkeit B kommt im letzten Satz des Textes als Adjektiv „eco-friendly" (Z. 47) vor.

a C **b** A **c** D
d C **e** D **f** B

4 Answer the questions in complete sentences using the information from the text.

TIPP

Schreibe in deinen Antworten ganze Sätze. Um die Fragen richtig beantworten zu können, ist eine genaue Textkenntnis sehr wichtig. Am besten markierst du beim erneuten Durchlesen des Textes relevante Stellen. Wenn eine Textstelle genau zur Frage passt, kannst du diese auch wörtlich übernehmen. Die Zeitform der Frage muss unbedingt für die Antwort berücksichtigt werden. Schreibe nur über Dinge, nach denen explizit gefragt wird, und verzichte darauf, die Sätze mit weiterführenden Informationen auszuschmücken.

Hinweise zu den Lösungen

a Diese Antwort muss im „simple present“ erfolgen, da die Frage im „simple present“ steht. Die Antwort auf diese Frage findet sich in den Zeilen 6 und 7.

b Die relevanten Informationen findest du in den Zeilen 11 und 12. Übernimm das Hilfsverb „should“ aus der Frage in deine Antwort.

c Die Antwort auf diese Frage steht in den Zeilen 14 bis 16. Auch hier ist das „simple present“ in der Antwort zu verwenden.

d In den Zeilen 27 bis 32 geht es um das Verpackungsmaterial. Die Antwort kann beinahe wörtlich übernommen werden: “A heavier box costs more to buy and it also uses more fuel to ship, for example.” (Z. 29/30)

e Die Antwort findet sich in den Zeilen 33 bis 35. Hier ist es sehr wichtig, die Frage genau zu lesen, da explizit danach gefragt wird, was zum CO_2-Fußabdruck der Onlineshops <u>beiträgt</u>: “What <u>adds</u> to the carbon footprint [...]?” Schlüsselwort ist im Text „[i]n addition“ (Z. 34), das in der Frage als Verb „(to) add“ wieder aufgenommen wird. Dass Plastik und Papier die Umwelt negativ beeinflussen, darfst du in deiner Antwort erwähnen, wichtig ist jedoch, dass der Schwerpunkt auf dem erhöhten Verkehrsaufkommen liegt: “In addition, vans and trucks of companies such as *FedEx*, *UPS* and *DHL* increase traffic.” (Z. 34/35)

a You can order someone online to help (you at home).
or: You can order a plumber or a carpenter online.
or: It is possible to order someone to help you in the house online.
or: If you need help around the house, you can go online and order a plumber or a carpenter, for example.

b They should not worry about shipping.
or: They should not worry about the costs of shipping.
or: They should not worry about the time that shipping takes.

c Amazon forces (the) other retailers to hurry too.
or: Retailers are forced to hurry as well.
or: Fast shipment (by *Amazon*) makes other retailers (have to) hurry too.
or: As products are delivered very quickly by *Amazon*, other retailers need to reduce their shipping times as well.

d A heavier box costs more to buy and it also uses more fuel to ship.
or: Lighter boxes are cheaper to purchase, and less fuel is needed for shipping.
or: The lighter a box is, the lower the costs of shipping are and the cheaper it is to buy.
or: Less fuel is needed for shipping and light boxes are cheaper.
or: The price of light boxes is lower and because of the reduced weight less fuel is needed for transportation.

e Traffic is increased by delivery trucks and vans.
or: There are more delivery vans and trucks and there is therefore more traffic.
or: (In addition to the immense amount of paper and plastic,) more trucks of companies such as *FedEx, UPS* and *DHL* increase traffic.

C USE OF LANGUAGE

1 Find words or expressions in the text (Part B) that mean more or less the same.

TIPP

In dieser Aufgabe sollen zu den Begriffen oder Erklärungen Synonyme aus dem Text gefunden werden. Dabei ist es wichtig, die Stellen, in denen der Begriff im Text vorkommt, noch einmal genau zu lesen, da das bedeutungsgleiche bzw. bedeutungsähnliche Wort in der gleichen Form stehen muss wie der vorgegebene Begriff.

Hinweise zu den Lösungen

a Aus dem Deutschen kannst du die Bedeutung des Nomens „assistance" ableiten. Wenn du den ersten Abschnitt noch einmal liest, erkennst du aus dem Zusammenhang, dass „help" in Zeile 6 das gesuchte Synonym ist.

b Hier ist das englische Wort für das Nomen „Gebühr" gesucht. Wenn du das Wort „fee" nicht kennst, hilft dir das Verb „pay", die richtige Textstelle zu finden, denn es kommt sowohl in der Aufgabenstellung als auch im Text in Zeile 17 vor. Die Bedeutung des gesuchten Wortes solltest du, wenn es dir unbekannt ist, sicherheitshalber mit dem Wörterbuch überprüfen.

c Wie auch in Teilaufgabe b wird hier kein Synonym vorgegeben. Stattdessen wird der Begriff kurz umschrieben. Gesucht ist das englische Nomen „symbol“ (Z. 27).

d Die Umschreibung „struggle of opposing ideas“, also „der Kampf von einander widersprechenden Vorstellungen“, ist ein Konflikt. Das Nomen „conflict“ findest du in Zeile 28.

e Menschen, die in einer Stadt leben, sind deren Bürger*innen. Gesucht ist also das Nomen „citizens“ (Z. 42). Denk daran, den Plural zu verwenden.

a help **b** fee **c** symbol **d** conflict **e** citizens

2 Find the opposites.

TIPP

Achte auf die Zeilenangaben, denn das jeweilige Gegenteil der angegebenen Wörter muss zur Bedeutung des Wortes im Textzusammenhang passen. Sieh dir also den Kontext genau an und versichere dich, dass dein Antonym sowohl inhaltlich als auch grammatikalisch möglich ist.

Hinweise zu den Lösungen

a Das Adverb „never“ bedeutet „nie“ oder „niemals“. Das gesuchte Gegenteil dazu ist „always“. Adverbien wie „sometimes“ oder „often“ sind zwar auch Adverbien der Häufigkeit, sie drücken aber keinen richtigen Gegensatz zu „never“ aus und können hier nicht verwendet werden.

b Sieh dir die Textstelle genau an. Bei „bought“ handelt es sich um ein Verb im „simple past“. Am besten gehst du hier folgendermaßen vor: Bilde zuerst den Infinitiv des Verbs: „(to) buy“. Überlege dann, wie das Gegenteil im Infinitiv lautet, und bilde dann erst die richtige Form im „simple past“. Diese Aufgabe ist besonders herausfordernd, weil sowohl das Verb „(to) buy“ als auch das gesuchte Antonym unregelmäßige Verben sind.

c Da das Wort „more“ an etlichen Stellen im Text vorkommt, ist es besonders wichtig, genau auf die Zeilenangabe zu achten. In Zeile 19 ist „more“ Teil eines Komparativs, was du leicht an „than“ erkennen kannst. In diesem Zusammenhang sind als Lösungen sowohl „less“ als auch „fewer“ möglich.

d Auch hier handelt es sich wieder um ein Verb in der Vergangenheit. Denke daran, auch deine Lösung in das „simple past“ zu setzen, um Punktabzug zu vermeiden. Solltest du das Verb „(to) halve“ nicht kennen, kannst du die Bedeutung vom Nomen „half“ (= „Hälfte“) ableiten. Das Antonym von „halbieren“ ist „verdoppeln“.

e Bei „different" handelt es sich um ein Adjektiv. Als Gegenteile kannst du „same" oder „identical" angeben. Beachte jedoch, dass du bei „same" den bestimmten Artikel ergänzen musst, damit der Satz grammatikalisch korrekt ist. Würdest du nur „same" schreiben, würdest du Punktabzug erhalten.

a always

b sold

c less
or: fewer

d doubled

e the same/The same
or: identical

3 Explain two of the following words in complete sentences.

TIPP

Bei dieser Aufgabe musst du **zwei** der Begriffe in mindestens einem vollständigen Satz verständlich erklären. Du kannst auch ein Synonym oder Gegenteil verwenden oder Beispiele finden, die die Bedeutung des jeweiligen Wortes verdeutlichen. Vergewissere dich mithilfe der Textstelle, dass deine Erklärung eindeutig auf den Begriff in diesem Zusammenhang zutrifft.

Hinweise zu den Lösungen

a Um das Verb „(to) hurry" zu erklären, gibt es verschiedene Möglichkeiten. Du kannst z. B. eine Definition geben oder ein Beispiel benutzen.

b Wie du am zweiten Lösungsvorschlag sehen kannst, ist es erlaubt, das Wort auch mithilfe eines Beispiels aus dem Text zu erklären.

c Bei „strong" könntest du geneigt sein, „stark" im Sinne von „kräftig" zu erklären. Hier geht es aber nicht um Muskelkraft, sondern um die Widerstandsfähigkeit eines bestimmten Verpackungsmaterials. Achte also darauf, die Bedeutung des Wortes zu erklären, die zum Textzusammenhang passt.

a "To hurry" means to do something (very) quickly.
or: "To hurry" means to do something faster than you would normally do it.
or: If you are late and you do not want to miss the bus, you need to hurry.
or: I must hurry because I want to watch the football game.

b If you play in a football team, you are a member of this team.
or: *Prime* members have to pay a fixed fee.
or: Students can be members of the school choir or the hockey team, for example.

or: A member is a person who belongs to a certain group of people.

c A strong box does not break or rip/tear easily.
or: "Strong" means to be able to withstand force, pressure or wear.
or: In this context, the adjective "strong" means that something is difficult to destroy/not fragile.
or: In this context, the adjective "strong" means that cardboard boxes designed by *Amazon* cannot be destroyed easily.

4 Vocabulary – Grammar

TIPP

Deine Aufgabe ist es, die am Rand stehenden Wörter so zu verändern, dass sie in den Text passen. Manchmal gibt es auch mehrere Möglichkeiten, aus denen du die richtige auswählen sollst. Steht ein Fragezeichen am Rand, musst du selbst das passende Wort für diesen Satz finden. Auch wenn es mehrere Möglichkeiten geben sollte, notiere nur eine davon.

Hinweise zu den Lösungen

a Vor der Lücke steht ein Adjektiv, das sich auf das fehlende Nomen bezieht.

b Dieser Relativsatz beschreibt die Insektenarten näher. Als Relativpronomen kannst du entweder „which" oder „that" verwenden.

c Das Signalwort „since" zeigt dir, dass das Verb im „present perfect" eingesetzt werden muss. Da es um einen Begriff im Plural („insects") geht, verwendest du „have" als Hilfsverb.

d In dieser Aufzählung musst du den Plural des fehlenden Nomens bilden. Dies kannst du daran erkennen, dass die hinter der Lücke stehenden Nomen auch in der Mehrzahl verwendet werden. Beachte, dass „-y" am Wortende im Plural zu „-ie" wird.

e Bei dieser Lücke kannst du zwischen drei Möglichkeiten auswählen. Da es um das Ökosystem unseres Planeten geht, ist klar, dass „Earth" im Singular stehen muss. Die richtige Genitiv-Form ist somit „Earth's".

f Während der Satz die Zeit nicht eindeutig festlegt, ist jedoch klar, dass eine Passivkonstruktion benötigt wird. Dies erkennt man an dem Wort „by" nach der Lücke.

g Durch das Wort „enough" direkt vor der Lücke wird klar, dass ein Nomen benötigt wird.

h Zum Verb „depend" passt von den drei Möglichkeiten nur die Präposition „on". Lerne „depend on" (= „abhängen von") auswendig.

i Da das „simple present“ im „*if*-Satz“ verwendet wird, weißt du, dass es sich um den „type 1“ der „conditional sentences“ handelt. Folglich brauchst du hier das „will-future“.

j Hier musst du genau lesen, denn der Satz enthält zwei Zeitangaben, die jedoch beide in der Vergangenheit liegen. Somit musst du das „simple past“ verwenden.

a threat

b which/that

c have disappeared

d butterflies

e Earth's

f were killed/were being killed/have been killed/had been killed/are killed/are being killed

g food

h on

i will not have/won't have

j dropped

5 Ask questions. (3)

TIPP

Du sollst Peter Harris vier Fragen zu seinem Beruf stellen. Wenn sich deine Fragen nicht auf den Beruf des Bademeisters beziehen, bekommst du keine Punkte. Denke daran, dass sich die Fragen inhaltlich und sprachlich unterscheiden müssen.

Die folgenden Fragen sind Lösungsvorschläge.

- Do you like your job?
- What is the best part of your job?
- Why did you choose this/that job?
- How many hours do you work each day?
- How long have you been a swimming pool attendant?
- Can you go swimming while you work?
- Have you had to save someone's life as a swimming pool attendant?
- If a child is in the pool and screams, what do you have to do?
- What kind of test did you have to take to become a swimming pool attendant?

D WRITING

1 Write a comment.

TIPP

In dieser Aufgabe ist deine Meinung gefragt. Lies zuerst alle drei Aussagen durch und entscheide dich dann für **eine** von ihnen. Wichtig ist, dass du Argumente findest, die für und gegen die Aussage sprechen. Denke auch an einen einleitenden Satz zu Beginn deines Textes und einen passenden Schlusssatz. Du solltest dich an die geforderte Wortzahl halten, um Punktabzug zu vermeiden. Schreibe 90 bis 120 Wörter.
Da man, wenn man das Thema verfehlt, weder Inhalts- noch Sprachpunkte erhält, ist es von zentraler Bedeutung, die Aufgabenstellung entsprechend umzusetzen.

a *Beispiellösung*

Some environmental groups claim that people should use public transport only. In rural areas, it is often inconvenient to use public transport because it takes a long time to get from one place to another or because buses and trains only run every few hours. In big cities, the underground is too full during rush hour and there are often delays.
Using public transport only can help save the environment, though, because it reduces emissions. If people take the bus or train instead of their car, the air becomes cleaner and people are less stressed.
In my opinion, using public transport only is a great goal, but a lot needs to be done to improve the public transportation system. *(119 words)*

b *Beispiellösung*

The older generation sometimes believe that young people need money to enjoy their free time.
It is true that buying ice cream or going shopping or to the cinema costs money. Those activities are popular among young people, but they are not the only things teenagers like doing. Playing football in the park, going swimming in the lake or spending time with friends at home are just a few examples of activities that do not cost anything.
That is the reason why I do not agree with this statement: it is possible for young people to enjoy their spare time without spending any money, but it is also OK if they want to treat themselves once in a while. *(120 words)*

c *Beispiellösung*

Computers are an integral part of our lives, but is life really boring without them?
On the one hand, people use computers for all kinds of activities: they do research on the internet, write emails, play computer games, stream films, listen to music or chat with their friends, for example.
On the other hand, there are numerous fun things to do without these technical devices, like meeting friends or doing sports.
Personally, I feel happier when I am not trapped in the digital world. I enjoy talking to my friends face to face and being outdoors. Therefore, life is definitely not boring without a computer. *(105 words)*

2 Choose one of the following tasks.

TIPP

Im Jahr 2021 gab es insgesamt drei Schreibaufgaben, von denen die Lehrkräfte jeweils zwei für ihre Klassen auswählten. Alle drei Aufgabenstellungen A, B und C sind im Aufgabenteil abgedruckt. In deiner Prüfung werden dir ebenfalls zwei „tasks" zur Wahl gestellt.
Lies dir die Aufgabenstellungen gut durch und überlege in Ruhe, welche kreative Schreibaufgabe dir am besten liegt. Bearbeite auf jeden Fall nur **eine** der Aufgaben.
Es ist hilfreich, wenn du dir vorab Notizen machst, um deinen Text zu strukturieren und den Überblick zu behalten. Bei dieser Aufgabe kannst du zwischen 140 und 200 Wörter schreiben. Halte dich an diese Vorgabe, um Punktabzug zu vermeiden.
Auch hier werden im Falle einer Themaverfehlung, bei der du 0 Punkte auf den Inhalt erhältst, keine Punkte für die sprachliche Leistung vergeben.

Hinweise zu Task A

Lies dir das Stellenangebot gut durch. Folgende Punkte sollten in deiner E-Mail-Bewerbung vorkommen:
- eine angemessene Anrede,
- die Information, wo du die Anzeige gesehen hast,
- eine kurze Vorstellung deiner Person,
- eine Erklärung, warum du für die Tätigkeit geeignet bist, und
- eine angemessene Verabschiedung.

Hinweise zu Task B

Wenn du Task B bearbeiten möchtest, musst du dich zuerst für eines der Bilder entscheiden. Dann hast du viel Freiraum beim Schreiben der Geschichte. Du kannst sowohl die Perspektive wählen (1. oder 3. Person) als auch die Zeit (Gegenwart oder Vergangenheit) oder den Ort, an dem deine Geschichte spielen soll. Wichtig ist allerdings, dass sich ein roter Faden durch deinen Text zieht. Denke auch an eine passende Überschrift.

Hinweise zu Task C

Bei Task C verfasst du einen Tagebucheintrag, in dem du über ein wirklich seltsames Erlebnis berichtest. Der Anfang ist vorgegeben und soll von dir ergänzt werden. Der vorgegebene Satz zählt nicht zur erwarteten Wortzahl und sollte nicht abgeschrieben werden, um Fehler zu vermeiden. Der Inhalt ist völlig offen, aber Gefühle sollten in einem Tagebucheintrag nicht fehlen.

A *Beispiellösung*

To: recruitment@hc-one.co.uk

Dear Sir or Madam,

I read your online advertisement (Computer Support for Seniors) yesterday and I would like to apply for the job you are offering.

My name is *(your first and last name)*, I am 16 years old and I am about to leave school. I have been interested in computers for a few years and recently started to learn how to programme websites. I have lots of experience in explaining how computers work and what you can do with them, because I taught my grandparents and some of their friends.
I am very patient, and love working with people. I could teach the members of your computer club how to do research on the internet, write emails or use apps for video calls so that they can talk to their families, for example.
Teaching at Sutherland Court Care Home once a week would be ideal for me. I would also be flexible concerning the working hours, but afternoons or evenings would work best for me.
I am looking forward to hearing from you.

Yours faithfully,
(your first and last name) *(179 words)*

B *Beispiellösung*

Picture ❶: The saviour

I am Ashley and I am a coast guard. I save people who have got into trouble at sea. My job is very challenging, but I would not like to do anything else, although I am always devastated if our help comes too late.

On 14th July I was called because a family was shipwrecked. My team and I went out with our rescue boat and tried to spot all four people, but we could only see three of them. We set off to help them onto our boat. They were all exhausted and in tears. The desperate mother told me that Sammy, their four-year-old, was missing. Immediately, I started to scan the sea again and saw some movement not far away from our boat. I could not believe my eyes: a dog was swimming towards our boat and a little boy was holding on tight. It was Sammy and his saviour.

Since that day, the heroic street dog has not left my side. Max has become an important member of our team and is the best friend one could wish for.

(184 words)

Picture ❷: The best day of my life

Last Saturday was my 16th birthday. I got up very early because I was so excited. I was looking forward to a big birthday cake with candles, cool presents, balloons and my family singing "Happy birthday" to me.

However, when I came out of the bathroom and entered the living room, nobody was there. There was no cake, no decorations, no presents, simply nothing at all.

I was really disappointed until I spotted a note: "Come downstairs. We're waiting in the car." I did not understand but went downstairs anyway. There were my whole family and my friends in our van, and they were singing to me and telling me about my present, which was a trip to an amusement park. There was no cake but lots of muffins, music and laughter on the drive to the park and lots of rollercoasters, thrills and fun there.

We spent the entire day at the park, and I have never had a better day in my life!

(171 words)

C *Beispiellösung*

… I was on the way to the airport because we were about to fly to Spain for the summer holidays. When I looked out of the window, I saw a young man on a horse galloping along the highway, holding a huge bouquet of flowers. I told my parents about the strange sight, and we laughed and shrugged it off.
When we reached the airport, we checked in and walked around the shopping area while waiting for our departure. From afar, I heard a strange noise, like somebody was crying really hard. I looked around and spotted a young woman in a wedding dress crying heartbrokenly. Suddenly, I saw the door burst open and the man I had seen on the horse ran in. He hugged the crying girl, gave her the flowers and told her he was sorry for everything. He said he loved her from the bottom of his heart. It was so romantic I nearly started to cry too.
Even if I do not know what led up to that moment, I will never forget that day or that couple. I hope they got married and are very happy together. *(193 words)*

E INTERPRETING

1 Answer the questions in German.

TIPP

Dir liegt ein englischer Text vor, in dem es um verschiedene Möglichkeiten geht, wie man Dublin besichtigen kann. Beantworte die Fragen zum Text auf Deutsch. Achte dabei darauf, dass du alle Kernaussagen nennst, aber keine überflüssigen Informationen aufschreibst. Denke daran, dass hier keine wörtliche Übersetzung erwartet wird, sondern eine sinngemäße Übertragung von Informationen in die andere Sprache. Du kannst in Stichpunkten antworten. Rechtschreibfehler im Deutschen werden nicht gewertet.

Hinweise zu den Lösungen

- **a** Um den Punkt zu erhalten, musst du beide Aspekte nennen: "[…] the easiest and cheapest option […]" (Z. 3)
- **b** Hier müssen zwei der möglichen Angaben genannt werden, um die zwei Punkte zu erlangen. Um die Hop-on-hop-off-Stadtrundfahrten geht es im dritten Absatz (vgl. Z. 7–11).

c Aus deiner Antwort sollte hervorgehen, was das Besondere an einem Amphibienfahrzeug ist, nämlich dass es zu Land und zu Wasser betrieben werden kann. Beide Aspekte musst du in deiner Antwort erwähnen, obwohl es nur einen Punkt gibt. Die relevante Textstelle findest du in den Zeilen 12/13.

d Um die Abendtour geht es im vorletzten Absatz. Auch hier müssen zwei Angaben gemacht werden, um die zwei Punkte zu erhalten. Achte darauf, dass Geister und Grabräuber nicht als zwei Angaben zählen.

e Um die Bootstour geht es im letzten Textabschnitt. Um den Punkt zu erhalten, reicht es aus, wenn du einen Aspekt nennst, was die Teilnehmer*innen der Tour erwartet.

a einfachste und kostengünstigste Option/Möglichkeit

b
- Es werden alle wichtigen Sehenswürdigkeiten angefahren.
- Man kann (sich) die Zeit frei einteilen.
  oder: besonders flexibel
- Man kann an jeder Haltestelle ein- und aussteigen.

c Das Fahrzeug fährt sowohl auf einem Kanal/auf dem Grand Canal als auch auf der Straße.
oder: Das Amphibienfahrzeug fährt sowohl auf dem Wasser als auch an Land.

d
- Die Tour folgt der Spur von Geistern und Grabräubern.
- Es wird ein spezieller Doppeldeckerbus genutzt.
- Im Bus fahren Schauspieler*innen mit, die live spielen/performen.

e
- Dublin aus einem anderen Blickwinkel (sehen)
  oder: ein Panoramablick auf Dublin vom Wasser aus
- Aussicht auf die Quays und das Docklands-Gebiet
- Fahrt im modernen Boot mit Panoramablick

2 Mediation: German – English

TIPP

Der Filmclub deiner Schule nimmt an einem internationalen Filmprojekt teil. Ihr habt gerade ein Teammeeting, dessen Inhalt du im Anschluss an eure Kontaktperson Lara in Slowenien weitergeben sollst. Achte in deiner Lösung auf eine situativ angemessene Sprache. Lies am Ende alles noch einmal durch und prüfe, ob deine Lösung sprachlich korrekt ist und alle inhaltlich wichtigen Punkte darin genannt sind. Du kannst ganze Sätze schreiben, laut Aufgabenstellung ist es aber nicht notwendig.

Hinweise zu den Lösungen

a Die wichtigen Informationen sind, dass sich zwei Gruppen verkleinert haben, weil zwei Mädchen nicht mehr mitmachen. Die Namen der Mädchen brauchst du nicht zwingend zu nennen.

b An der Anzahl der Punkte kannst du erkennen, dass auch diese Antwort etwas ausführlicher ausfallen muss. Erwähne auch, dass das Video als E-Mail-Anhang geschickt wird.

c Im Englischen gibt es das Verb „(to) skype". Wenn du es nicht kennst, kannst du es z. B. mit „(to) meet online" umschreiben.

d Hier solltest du darauf achten, dass deine Äußerung der Situation angemessen ist. Dass Uli Stockbetten blöd findet, sollte nicht Teil eurer Nachricht sein.

e Denke daran, dass das Verb „(to) look forward to" mit der „*-ing*-Form" verwendet wird.

a Two groups are smaller (now) because Selina and Sarah (have) left.
or: Two of the groups have got smaller; two girls have left.
or: As two girls have left, two groups have become smaller.

b One group has finished the video about the most important sights of our town. The video is attached to this email.
or: One video about the (most) famous/the most interesting sights of our town has already been recorded and is attached to this email.

c Unfortunately, we won't be able to skype next Wednesday because there is a football tournament. Would it be possible to skype/to meet online on Thursday?
or: We're sorry, but we (will) have to cancel our skype meeting next Wednesday because of a football match. Can we postpone it and meet next Thursday (instead)?

d Can you (already) tell us something about our accommodation during our stay? Will we stay with host families or in/at a youth hostel?
or: Where will we be staying during our trip to Slovenia – with host families or in/at a youth hostel?

e Our head teacher is looking forward to meeting the Slovenian group.
or: Mr Bender, our head teacher, is looking forward to getting to know the members of your group.

Bildnachweis:
S. 2021-4: Lkw © philia. Shutterstock; Kreditkarte © nrt. Shutterstock; Umschlag © julynx. 123rf.com; Geschenk © Verkhozina Ekaterina. Shutterstock
S. 2021-10 Task B Photo 1: U.S. Coast Guard photo by Petty Officer 3rd Class Ali Flockerzi
S. 2021-10 Task B Photo 2: dlohner/pixabay

Um dir die Prüfung 2022 schnellstmöglich zur Verfügung stellen zu können, bringen wir sie in digitaler Form heraus.

Sobald die Original-Prüfungsaufgaben 2022 freigegeben sind, können sie als PDF auf der Plattform **MyStark** heruntergeladen werden (Zugangscode vgl. Umschlaginnenseite).

Prüfung 2022

www.stark-verlag.de/mystark